역사와 친해지는 세계 문화 답사

신들의 나라 그리스

역사와 친해지는 세계 문화 답사
신들의 나라 그리스

초판 제1쇄 발행일 2009년 6월 30일
개정판 제1쇄 발행일 2014년 12월 5일
개정판 제4쇄 발행일 2020년 6월 5일
글·사진 조성자 그림 센 발행인 윤호권
발행처 (주)시공사 주소 서울시 서초구 사임당로 82
전화 영업 2046-2800 편집 2046-2821~9 인터넷 홈페이지 www.sigongjunior.com

글·사진 ⓒ 조성자, 2009

이 책의 출판권은 (주)시공사에 있습니다.
저작권법에 의해 보호를 받는 저작물이므로, 무단 전재와 무단 복제를 금합니다.

ISBN 978-89-527-8081-2 74920
ISBN 978-89-527-5870-5 (세트)

시공주니어 홈페이지 회원으로 가입하시면 다양한 혜택이 주어집니다.
잘못 만들어진 책은 구입하신 서점에서 바꾸어 드립니다.

KC마크는 이 제품이 공통안전기준에 적합하였음을 의미합니다.
제조국 : 대한민국 사용 연령 : 8세 이상
주의 사항 : 책장에 손이 베이지 않게, 모서리에 다치지 않게 주의하세요.

역사와 친해지는 세계 문화 답사

신들의 나라 그리스

조성자 글·사진
센 그림

시공주니어

차 례

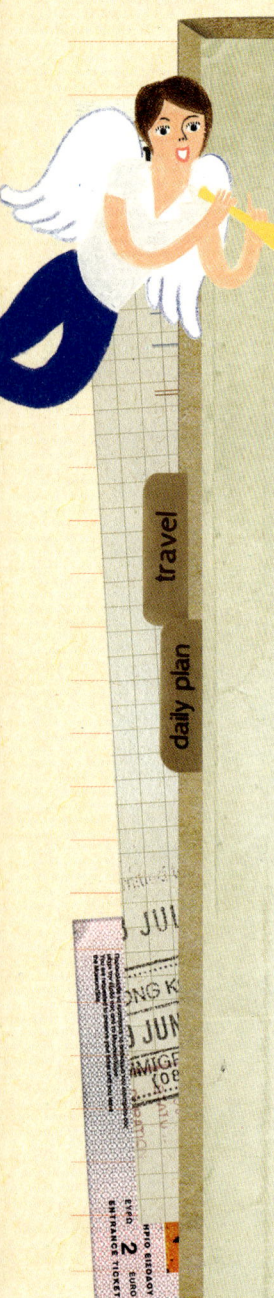

왜 그리스에 대해 알아야 할까? • 8
그리스에 갖고 가야 할 것들 • 12

열두 신과 사귀어 볼까? • 16

크레타 섬
01 크레타는 이름이 아름다워요 • 26
02 미노스 왕, 안녕하세요? • 33
03 크노소스 궁전이 너무 멋져요! • 45

미케네
01 미케네, 아가멤논의 나라 • 60
02 미케네는 어떻게 시작되었니? • 70

스파르타
01 군사의 나라, 스파르타 • 78
02 맨발의 스파르타 어린이들 • 82

아테네

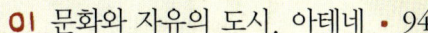

- **01** 문화와 자유의 도시, 아테네 • 94
- **02** 아테네의 중심, 아크로폴리스 • 102
- **03** 파르테논 신전에 대해 알려 줘! • 113
- **04** 철학을 알면 멋있어 보이나요? • 119

코린트

- **01** 시시포스, 아직도 돌을 굴리고 있나요? • 132

델포이

- **01** 신의 뜻을 알고 싶어요, 델포이 • 140

올림피아

- **01** 고대 올림픽이 시작된 올림피아 • 152
- **02** 올림피아에서 만난 잘생긴 헤르메스 • 160

아테네와 스파르타의 멸망

- **01** 흥할 때가 있으면 망할 때도 있어요 • 168

평화라는 기념품을 갖고 여행을 마치자 • 175
찾아보기 • 177

왜 그리스에 대해 알아야 할까?

안녕, 친구들!

서양 세계에 가장 큰 영향을 미친 것이 무엇일까? 바로 그리스 신화와 기독교란다. 그리스 신화와 기독교는 서양 문화의 뿌리이기 때문이야. 그 둘을 모르면 서양 문화를 이해할 수 없단다. 기독교는 나중에 기회가 되면 이야기하기로 하고 지금은 그리스 신화에 대해서 알아보자.

앵~! 띠오 띠오!

갑자기 사이렌 소리가 들리면 마음이 불안해지는 친구들이 있을 거야. '어디서 불이 난 것일까?', '병원 구급차가 급한 환자를 싣고 가는 것일까?' 이런 생각이 들 거야. 위급할 때 울리는 사이렌은 그리스 신화에 나오는 괴물, 얼굴은 사람인데 새의 몸을 갖고 있는 '세이렌'에서 나온 말이야. 세이렌의 소리를 한번 들으면 견딜 수 없는 유혹 때문에 결국 이끌려 가 죽음을 당하게 된다고 해.

또 '타이태닉'이라는 배에 대해서 들어 본 적이 있을 거야. 타이태닉은 1912년, 영국에서 미국으로 가는 도중에 거대한 빙산에 부딪혀 침몰한 화려한 배의 이름이야. 타이태닉은 그리스 신화에 나오는 거인족인 '티탄'을 뜻해. 거인을 영어로 '자이언트'라고 하는데 그 말 역시 '티탄'에서 나온 말이란다. '타이태닉'도 티탄 족처럼 거대하고 웅장하다는 뜻에서 그렇게 이름을 붙인 것이지.

이렇게 그리스 신화는 우리의 생활과 많이 연결되어 있단다.

그리스 신화뿐만 아니라 서양의 역사는 그리스에서 시작했다고 해야 맞을 거야. 크레타에서 시작된 문명이 미케네로 가고, 다시 아테네와 스파르타로 대표되는 그리스 도시 국가로, 다음은 마케도니아로, 그 뒤 로마로 옮겨 가지. 동로마와 서로마로 나눠지면서 로마가 멸망한 뒤 게르만 족이 프랑크 왕국을 세우고, 프랑크 왕국은 독일, 프랑스, 이탈리아로 나눠지지. 프랑스의 지배를 받던 노르만 족은 훗날 영국으로 건너가 색슨 족을 누르고 영국을 지배하게 된단다. 영국에 살던 청교도들은 1620년 신대륙인 미국으로 가게 되지.

  이렇게 그리스는 민들레 씨가 퍼지듯 퍼져 나가 서양 여러 나라에 뿌리를 내려 서양인들의 정신적인 고향이 되었단다. 서양뿐만 아니라 동양에도 그리스의 문화는 퍼져 있어. '간다라 미술'이라는 불교 미술은 인도의 불교가 그리스 미술의 영향을 받아서 탄생하게 되었단다. 부처님의 모습에 그리스 신들의 모습이 겹쳐진 것이지. 인도의 불교는 중국으로 오게 되고 다시 한국으로, 또 일본으로 건너가게 되었단다. 우리나라 석굴암에 있는 불상도 간다라 미술의 영향을 받았어. 이처럼 그리스 문화는 서양뿐만 아니라 우리나라에까지 영향을 미쳤단다.

  어떤 친구들은 물을 거야. 우리가 왜 서양인들의 역사와 문화를 알아야 하냐고. 물론 우리나라의 역사와 문화도 이해하지 못하고 다른 나라 것만 중요하게 생각하는 것은 잘못된 일이야. 내 나라의 뿌리를 먼저 알아야 하겠지. 그런 의미에서 우리나라의 역사를 먼저 공부하고 이 책을 읽는다면 훨씬 좋을 거야.

하지만 자기 나라에 대해서만 알면 된다고 생각하는 것은 마치 대롱으로 세상을 보는 것과 같단다. 세계는 국경이 없어져 지구촌 가족이 되었지. 세계 사람들을 잘 이해하려면 그들의 역사와 문화를 이해하는 것이 가장 좋은 방법이란다.

나는 이번에 마침 그리스를 여행할 기회가 생겼어. 진작부터 그리스에 가려고 했는데 여러 나라를 돌고 돌아 너무 늦게 그리스와 만났다는 생각이 들었단다. 여름과 겨울, 정반대의 계절에 두 번 찾아가서 그리스의 두 얼굴을 보게 되었지. 앞으로도 기회가 되면 몇 번 더 그리스에 가서 더 많은 모습을 보고 싶어.

나는 그리스에서 어려운 일들을 많이 겪었어. 아테네에 도착한 다음 날에는 택시 기사에게 터무니없이 비싼 바가지요금을 내야 했고, 올림피아에서 델포이로 가는 길에는 차의 타이어에 못이 박혀 하마터면 큰 사고가 날 뻔했어. 우산도 없는데 갑자기 폭우가 쏟아져 지독한 감기에도 걸렸지 뭐야. 그러면서도 다음 목적지로 가는 강행군을 했지.

하루는 나와 남편 외엔 아무도 묵지 않은 을씨년스런 호텔에서 차갑고 딱딱한 빵을 먹으면서 스스로에게 물었어.

'이 고생을 하면서 그리스에 온 이유가 뭐냐?'

나는 그리스를 돌아다니면서 스스로에게 답을 했어. '사람을 이해하기 위해서'라고. 너희들에게는 조금 어려운 말일지 모르지만 쉽게 말하면 사람을 사랑하기 위해서야.

그리스에 가니까 올림포스의 열두 신 같은 성격의 사람들을 모두 만날 수 있었어. 제우스같이 남자답지만 약간 거드름을 피우는 사람, 헤라같이 샐쭉거리며 짜증을 곧잘 내는 사람, 아프로디테같이 예쁘지만 마음 한구석이 허전해 보이는 사람도 만났어.

그런 사람들은 그리스에만 있는 것이 아니란다. 세계 곳곳에 그리스 열두 신의 마음을 가진 사람들이 살고 있어. 사람들의 마음을 닮은 신들을 만들어 낸 그리스에 온다면 사람을 더 잘 이해할 것 같은 생각이 든 거지. 그러면서 우리 친구들에게 그리스를 소개해 주고 싶은 마음이 생겼어. 너희들이 그리스를 안다면 나보다는 훨씬 이른 나이에 세상 사람들을 이해하고, 세상을 넓게 보고 품에 안을 수 있다는 생각이 들었단다. 그래서 이 책을 쓰게 되었지.

이 책은 그리스 문명이 탄생된 순서로 진행된단다. 크레타에서 미케네, 스파르타, 아테네, 그리고 아테네와 스파르타의 멸망으로 이어지지.

그럼 이제 그리스로 떠나 볼까?

그리스에 갖고 가야 할 것들

　그리스는 여름에 가면 좋을 것 같다고 생각하는 사람이 많아. 아마도 언젠가 텔레비전 광고에 나온 파란색 지붕과 하얀 벽의 그리스 집들이 여름 풍경을 떠오르게 해서 그럴 거야.

　여름에 갈 경우에는 챙 넓은 모자(지중해의 햇살은 무척 따갑단다. 얼굴과 목 주위를 가려 줄 수 있는 모자가 꼭 필요해), 선크림(맨얼굴로 다니면 얼굴이 사과처럼 발갛게 탈 수 있단다. 나는 그리스에 다녀온 이후에 얼굴에 점이 몇 개 더 생겼어), 양산(그늘이 없는 곳에서는 꼭 필요해. 접을 수 있는 양산이라면 더더욱 좋아), 선글라스(쳐다볼 수도 없을 정도로 여름의 태양은 이글거린단다)가 필요해. 운동화와 얇은 긴팔을 준비하는 것도 잊지 말아야지.

　겨울에 갈 경우에는 준비물이 달라진단다. 개인적으로 그리스에는 여름보다 겨울에 가라고 권하고 싶어. 우산과 비옷만 잘 챙긴다면 말이지. 겨

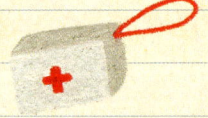

울엔 아침에 잠깐 비가 오기는 하지만 비가 그치고 나면 우리나라의 가을처럼 하늘이 맑아서 푸른빛이 뚝뚝 떨어질 것 같거든. 또 여름보다 사람이 적어서 한가하게 여행을 할 수 있어. 단, 겨울엔 유적지가 이른 시간에 문을 닫기 때문에 아침 일찍부터 서둘러야 해.

 겨울엔 약간의 간식거리를 갖고 가는 것이 좋을 것 같아. 참, 한국 음식을 너무 사랑하는 친구가 있다면 고추장이나 김을 챙겨 가면 좋을 거야. 그리고 약을 챙기는 것도 잊지 말렴. 혹시 물이 맞지 않는 친구는 물갈이했을 때의 약(물론 물은 꼭 사 먹어야 해!)과 상처 났을 때 바르는 약, 반창고 정도는 챙겨야겠지. 겨울에 간다면 감기약도 챙기고. 여행을 많이 다녀 본 친구들은 알겠지만 유럽의 호텔에는 슬리퍼가 없단다. 여름엔 견딜 수 있지만 겨울엔 바닥이 아주 차가워. 따뜻한 슬리퍼를

준비해 간다면 발이 놀라지 않겠지.

나는 여행할 때마다 꼭 우리나라의 녹차와 둥굴레 차를 챙겨 간단다. 그래서 하루 일과가 끝나 호텔로 돌아오면, 차를 한잔 마시면서 그날 있었던 일을 공책에 적으며 하루의 피로를 풀지.

혹시 여유가 있다면 한국의 미가 담뿍 담긴 토산품, 예를 들면 부채나 토속 인형을 한두 개 챙겨 가면 현지 사람들에게 한국 사람의 친절을 베풀 수 있는 좋은 기회가 될 거야.

마음에 드는 책이나 읽고 싶은 책을 한두 권 챙겨 가는 것도 필요해. 그리스에 가려면 독일이나 프랑스에서 비행기를 갈아타야 하니까 공항에서 보내는 시간이 꽤 되거든.

가장 중요한 것은 카메라야. 마음에도 담겠지만 카메라에 담고 싶은 유적지가 너무 많을 테니까. 필기도구를 챙기는 것도 물론 잊지 않았겠지? 유적이 많은 곳에 가면 쓰는 것이 귀찮아 머리에 넣고 오려고 해도 다 기억하지 못할 때가 있잖아. 난 그런 실수를 많이 했기 때문에 이제는 꼭 수첩과 펜을 준비한단다.

자, 이 정도 준비하면 그리스로 떠나는 일만 남았어.

그리스 여행의 흔적들

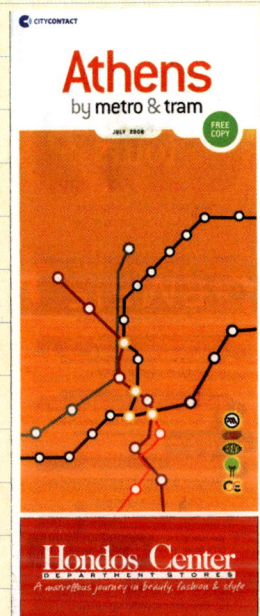

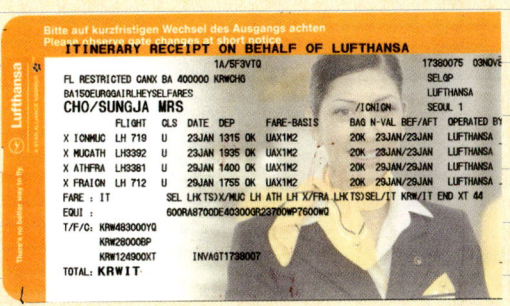

그리스로 가는 비행기 표

아테네 지하철 노선도   지하철 표   공항 전철 표

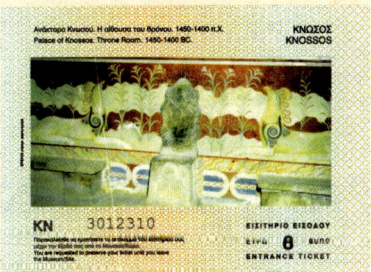

크노소스 입장권   아크로폴리스 입장권

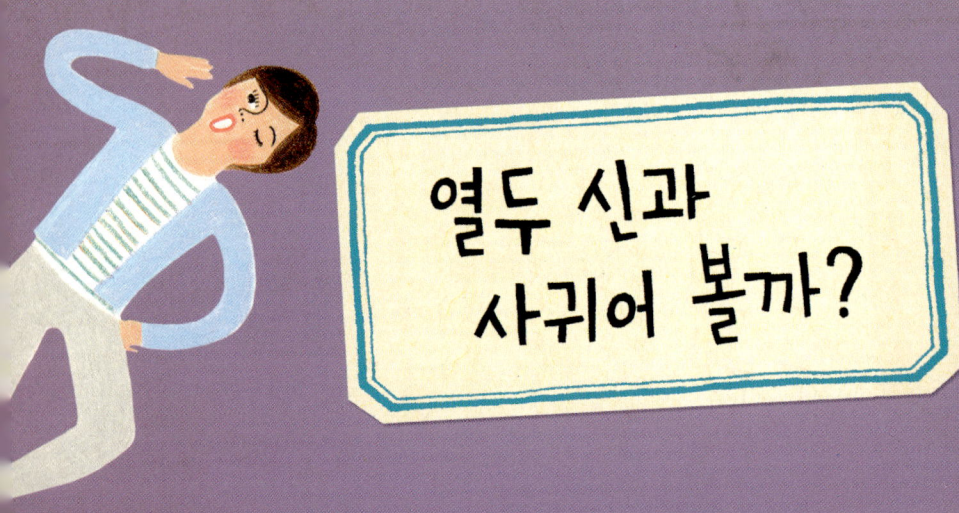

열두 신과 사귀어 볼까?

그리스 여행을 시작하기 전에 먼저 그리스 신화의 열두 신에 대해서 알아보자.

그리스 신화와 신들을 모르면 그리스 역사와 문화를 이해하기 힘들단다.

또 그리스 신화를 알면 인간이라면 누구나 갖고 있는 감정에

대해서 알 수 있어. 사람들의 마음 밑바닥엔 신들이 느꼈던

기뻐하고 사랑하고 싸우고 미워하고 질투하는 감정들이 모두

있을 뿐만 아니라 신처럼 영원히 살고 싶다는 마음도 있지.
그리스 사람들은 그 마음을 신들의 이야기를 통해 드러냈단다. 그래서
신화 속에는 그리스 사람들의 삶과 문화에 관한 모든 이야기가 담겨 있어.
그리스 신화는 아득한 구석기 시대와 신석기 시대에서부터 시작되었고
특히 미케네 시대부터 본격적으로 전해지게 되었단다.

제우스   데메테르

애들아, 안녕! 난 제우스야! 신들의 왕이라고 할 수 있지. 에헴! 그런데 몇몇 친구들은 나를 아주 싫어하더라고. 내가 바람둥이라고 말이야.(조금 창피하네…….) 하지만 내 후손을 많이 퍼뜨리기 위해서 한 일이라고 이해해 주면 어떨까? 그래도 바람을 많이 피운 것은 나도 인정해.

나의 아버지는 크로노스야. 아버지는 자식에게 왕위를 빼앗길까 봐 두려워서 우리 어머니인 레아가 낳은 나의 형제들을 모두 먹어 버렸어. 어머니는 아버지를 속이고 막내인 나를 대지의 아들인 쿠레테스에게 맡겨 몰래 키웠지. 쿠레테스는 내 울음소리가 들리지 않게 하려고 방패를 시끄럽게 두드리면서 춤을 추었다고 해. 나는 염소의 젖을 먹고 무럭무럭 자랐어. 그리고 신들의 아버지가 되었지. 나는 날씨를 다스리고 가정을 지켜 주는 수호신이기도 해.

안녕, 안녕! 역사가 헤로도토스는 내가 매우 오래된 신이라고 책에 썼단다. 그래서 기분이 좋아. 나는 곡식의 신 데메테르야. 곡식을 재배하고 거둬들이는 것이 내 책임이지. 내 딸인 페르세포네가 지하의 신 하데스에게 붙잡혀 간 일은 아주 유명하단다. 그 일 때문에 난 얼마나 슬펐는지 땅을 전혀 돌보지 않았어. 당연히 농사가 엉망이 되었지. 결국 제우스의 도움으로 내 딸은 1년 중 8개월은 나와 함께 땅에서 살고, 4개월은 지하에서 살게 되었어. 내 딸이 나와 함께 있을 때는 대지에 초록이 가득하고 기름지지만, 내 딸이 지하에 있는 4개월 동안은 땅에 아무것도 없단다. 내가 너무 슬퍼서 땅을 돌볼 정신이 없기 때문이야.

애들아, 안녕! 난 제우스의 부인 헤라야. 신들의 여왕이라고 할 수 있지. 나의 상징은 공작새란다. 공작새의 꼬리엔 나의 충직한 신하였던 아르고스의 눈 100개가 달려 있어. 어떤 아이들은 나를 보고 너무 질투가 많다고 하더라. 내 남편 제우스가 하도 바람을 많이 피워서 나도 모르게 질투심이 생겼어. 하지만 난 질투심만 많은 것은 아니야. 결혼 생활을 지켜 주는 수호신이기도 하지.

애들아, 안~녕! 내 목소리가 느끼하다고? 원래 예쁜 사람들 목소리는 조금 느끼하지 않니? 물론 안 그런 사람도 있지만. 난 사랑과 아름다움의 여신 아프로디테야. 내 이름은 '거품에서 태어난 여신'이라는 뜻이야. 화가들은 내 모습을 많이 그렸는데, 주로 반쯤 벗었거나 아예 벗은 모습으로 그릴 때가 많아. 그런 그림을 보면 조금 부끄럽단다.

헤라

아프로디테

아폴론　　　　아르테미스　　　　아테나

🧑 안녕! 난 아폴론이야. 아프로디테가 가장 아름다운 여신이라면, 난 가장 아름다운 남신이라고 할 수 있어. 킥킥, 조금 쑥스럽네. 나는 음악과 시의 예술적인 아름다움을 주관하는 신이란다. 또한 햇빛의 신이기도 하지. 나는 아버지 제우스와 엄마 레토 사이에서 아르테미스와 함께 쌍둥이로 태어났어. 어떤 친구는 나를 태양의 신으로 혼동하지만 난 햇빛의 신이고 태양의 신은 헬리오스란다.

나는 예언의 신이기도 해. 델포이에 내 신전이 있는데, 그리스 곳곳의 수많은 사람들이 내 예언을 들으려고 델포이로 온단다. 그 생각을 하면 어깨가 절로 으쓱 올라가지만 잘난 척하는 것은 너희들이 싫어하니까 참을게.

🧑 안녕! 난 아폴론의 쌍둥이 누이 아르테미스야. 순결한 사냥의 여

신이지. 나는 활로 사냥을 아주 잘한단다. 내 동생 아폴론이 햇빛의 신이듯이 나는 달빛의 신이야. 그리고 아폴론이 태양신 헬리오스가 아니듯이 나도 역시 달의 신 셀레네가 아니란다.

안녕! 헬로, 니하마, 알로! 왜 이렇게 세계 여러 나라 말로 인사하냐고? 내가 지혜의 신이기 때문이야. 그래서 아는 체를 좀 했어. 나는 아테나라고 해. 나는 전쟁의 신이며 영웅들의 여신이기도 해. 아테네는 나를 섬기는 도시야. 내가 지켜 주고 있지. 아테네의 아크로폴리스에 있는 파르테논 신전이 바로 나를 기념하는 신전이란다. '파르테논'이란 '젊은 처녀'를 뜻하는 말이야.

헉헉! 나는 참 바빠! 제우스의 명령을 전하는 일을 하기 때문이야. 지금도 제우스의 명령을 전해야 하기 때문에 뛰어야 해.

난 아테나의 남동생 헤르메스야. 나는 제우스의 마음을 척척 꿰뚫어 보고 영웅들이 어려움에 처하는 순간에 나타나 제우스의 도움을 전해 주는 역할을 하고 있어. 페르세우스에게 하데스의 투구를 빌려 준 것도 나였고 그 외에도 많은 영웅들에게 도움을 주었지.

그런데 조금 부끄럽지만 나는 도둑의 신이기도 해. 그래도 나는 사람들에게 행운을 주는 유익하고 자비로운 신이야.

헤르메스

아레스 헤파이스토스

얘들아, 도망가지 마! 제발! 모두들 나를 싫어하지. 내가 피와 죽음을 즐기는 전쟁의 신이기 때문이야. 나는 아레스라고 해. 내가 생각해도 나는 아테나와는 달리 목적이나 이유도 없이 야만적인 싸움을 너무 즐기는 것 같아. 그래도 나를 미워하지 마. 제발!

떵! 떵! 이게 무슨 소리냐고? 바로 내가 무기를 만드는 소리야. 나는 헤파이스토스야. 불을 쓰며 일하는 대장장이이자 각종 금속 제품을 만드는 기술자이지. 나는 다리를 절어. 우리 아버지인 제우스와 엄마 헤라가 부부 싸움을 할 때 내가 엄마 편을 들었거든. 그래서 화가 난 아버지가 나를 집어 던져서 이렇게 다리를 절게 되었단다. 그러다 보니 돌아다니는 것은 별로 좋아하지 않고 대장간에서 무엇인가를 만드는 것을 좋아해. 다들 나를 아주 성실하다고 하는데 내가 생각해도 그래. 그리고 아주 예쁜 아프로디테가 내 부인이라는 것은 알고 있지?

끅, 아~놓! 미안! 포도주를 너무 많이 마셨더니 혀가 꼬부라졌어. 나는 술과 축제의 신 디오니소스야. 또한 연극의 신이기도 해. 그래서 그리스 어디를 가도 내 이름이 붙은 극장이 많아서 무척 기뻐.

어푸어푸! 무슨 소리냐고? 바로 내가 헤엄치는 소리지. 나는 바다의 신 포세이돈이야. 나의 상징이 삼지창이라는 것은 모두 알고 있지? 나는 지진을 책임지는 신이기도 해. 나는 또한 소와도 관계가 깊지. 내가 크레타에 사는 미노스에게 황소 한 마리를 보냈는

디오니소스   포세이돈

데, 미노스가 왕이 된 후에 황소를 신들에게 제물로 바치지 않았어. 그래서 괘씸한 생각에 그의 아내 파시파에가 황소를 사랑하게 만들었지.

여기까지 그리스 신화의 중요한 열두 신을 모두 만났지? 너희가 오늘 만난 신들과 잘 사귄다면 앞으로 나올 이야기와 유적, 미술품도 이해하기 쉬울 거야.

자, 이제 나와 함께 크레타 섬으로 가자!

크레타 섬

그리스 남쪽에 있는 크레타 섬은
서양 문명의 시작이라고 할 수 있는
미노아 문명의 중심지였단다.
미노아 문명은 고고학자 에번스가
크노소스 궁전을 발굴하면서
세상에 알려지게 되었지.
미노아 문명의 이름은 '미노스 왕'에서
시작되었다고 해. 미노스 왕은 크레타 섬을 다스리며
매우 발달된 문명을 꽃피웠단다.

01 크레타는 이름이 아름다워요

02 미노스 왕, 안녕하세요?

03 크노소스 궁전이 너무 멋져요!

01 크레타는 이름이 아름다워요

크레타는 그리스 남쪽에 있는 섬이야. 영어로는 'Crete'라고 쓰지. 이곳 사람들은 보통 '크리티(Kriti)'라고 부른단다. 그리스 수도인 아테네에서 비행기를 타고 50분 정도 가면 크레타 섬의 '이라클리온'에 있는 공항에 도착한단다. 이라클리온은 크레타 섬에서 제일 큰 도시야. 이라클리온은 그리스 신화에 나오는 영웅 헤라클레스에서 나온 이름이지. 헤라클레스가 크레타 섬의 괴물 소를 처치한 데서 시작된 말이야.

  이라클리온에 있는 공항의 이름은 '카잔차키스'라고 해. 카잔차키스는 《그리스 인 조르바》라는 소설을 쓴 유명한 작가의 이름이야. 카잔차키스가 태어난 곳이 바로 크레타 섬이란다. 카잔차키스를 공항 이름으로 쓴 것을 보면 크레타 사람들이 얼마나 이 작가를 자랑스러워하는지 알 수 있을 거야.

이제 크노소스 궁전을 향해 달려 보자. 크노소스 궁전은 미노아 문명이 탄생된 곳이야. 원래 서양 사람들은 서양 고대 문명이 미케네에서 시작되었다고 생각했단다. 하지만 영국의 고고학자 에번스 선생님이 1900년부터 약 10년 동안 크레타에서 크노소스 궁전을 발굴하면서 미케네보다 앞선 미노아 문명이 알려지게 되었지.

🐝 선생님! 선생님!

🧑 응? 누가 날 불렀니?

🐝 윙윙, 저는 꿀벌 크노벌이라고 해요. 크노소스에서 살아서 이름이 크노벌이에요. 제가 이곳에 온 어린 친구들에게 크레타에 있는 크노소스 궁전에 대해서 이야기해 주고 싶어요.

🧑 좋은 생각이야. 하지만 네가 윙윙거리면서 침을 쏘면 우리 친구들이 다 도망갈 텐데……. 침만 쏘지 않는다면 너의 이야기를 재미있게 들을 수 있을 거야.

 맞아요! 침만 쏘지 않는다면 크노벌의 이야기를 듣고 싶어요.

🐝 좋아요! 약속 지킬게요. 얘들아, 안녕! 너희들에게 이야기를 들려줄 수 있어서 정말 기뻐.
크노소스 궁전은 성벽이 전혀 없다는 것이 특징이야. 그것 때문에 훗

크노소스 궁전의 기둥

날 그리스 사람들이 쳐들어왔을 때 쉽게 패하는 원인이 되기도 했지. 또 빨간색과 검은색 나무 기둥으로 건물을 받친 것을 보면 크레타 사람들의 세련된 감각을 알 수 있단다. 마치 현대 미술을 보는 느낌이 들 거야. 그리고 보니 옛 사람들의 흔적을 연구하다 보면 많은 상상력을 얻게 되는 것 같아.

크노소스 궁전의 또 다른 특징은 소의 뿔을 본뜬 상징물이 많고, 여러 가지 색으로 풍부하게 칠한 수많은 벽화가 있다는 것이지. 그리고

남쪽에 있는 황소 뿔 모형

방이 무려 1200개도 넘었을 거라고 해. 정말 어느 길로 갔다 어느 길로 나와야 할지 모를 지경이지. 이 거대하고 오래된 유적지는 왕궁과 신전이 한데 어우러져 있단다. 서쪽은 주로 신전, 반대쪽인 동쪽은 주로 왕궁으로 사용된 흔적이 있어.

잠깐, 나도 할 말이 있어. 내가 크노소스 궁전 벽화의 방에 들어갔다가 깜짝 놀랄 일이 있었거든. 벽화의 방은 옥좌의 방 바로 위층에 있는데, 그 방의 벽에 제비 둥지가 있더라고. 새끼 제비 세 마리가 있었는데, 엄마 제비는 새끼들에게 먹이를 날라 주느라 여념이 없었어. 몇몇 관광객들이 그 모습을 발견하고 사진을 찍어도 엄마 제비는 새끼들에게 먹이를 먹일 생각에 관광객들에게는 전혀 관심이 없었단다.

벽화의 방의 제비들

선생님, 지금 제 이야기를 하셨지요? 정말 고마워요. 저를 친구들에게 소개시켜 주셔서요. 그 보답으로 이곳에서 시작된 미노아 문명에 대해서는 제가 설명해 볼게요. 제가 설명하면 친구들이 지루하지 않을 거예요.

좋은 생각이야! 아까는 벌이 이야기해 주고 이번엔 제비가 이야기해 주고. 이렇게 여러 친구들이 설명해 준다면 아이들이 좋아할 거야!

얘들아, 안녕? 난, 크노소스 궁전에 살고 있는 제비야. 크노소스를 중심으로 하는 미노아 문명은 기원전 2800년경에 시작되었어. 그럼 내 나이가 그렇게 많냐고? 그건 아니야. 내 조상의 조상, 또 조상의 조상들이 크노소스에 둥지를 틀어서 이곳에서 살게 되었어. 내 나이는 지금 세 살이야. 세 살이라고 아기로 보면 안 돼! 우리 제비 세계에서는 어린 나이가 아니니까.

나는 지금 엄마 제비야. 새끼도 세 마리나 낳았어. 조금 미안한 이야기지만 크노소스 궁전 벽화의 방에 둥지를 틀었어. 역사적으로 가치가 있는 곳에 둥지를 틀어야 우리 새끼들이 역사의 의미와 가치를 깨달을 수 있을 것 같아서 말이야. 혹시 알아? 내가 제비 할머니에게 들은 이야기를 너희들에게 들려주는 것처럼 내 새끼들도 언젠가 크노소스 궁전에 얽힌 이야기를 아이들에게 들려줄 기회가 있을지.

미노스 왕

그럼 이제 크노소스 궁전이 생긴 역사에 대해서 말해 줄게.

기원전은 예수님이 세상에 태어나기 전의 시대를 말해. 기원전 2800~1000년은 신화의 시대라고 하는데, 그때 제우스 신과 페니키아의 공주 에우로페 사이에, 미노스를 비롯한 세 아들이 태어났단다. 그 중 미노스가 가장 영리하고 똑똑한 아들이었지. 이 미노스 왕이 바로 기원전 1900년경에 크노소스를 다스리며 미노아 문명을 발전시켰단다. 미노아 문명은 영국의 고고학자 에번스가 발굴했어. 기원전 1400년경에 그리스 사람들이 침입해서 크노소스 궁전은 파괴되었단다. 그 후부터 미케네 문명에 속하게 되었지. 미케네 이야기는 그곳에 가서 들어 보렴.

그럼 신화로만 알려져 있던 크노소스 궁전의 이야기를 실제로 찾아낸 아서 에번스(1851~ 1941) 선생님에 대해서 알아보자.

에번스 선생님은 영국의 고고학자란다. 선생님은 하인리히 슐리만 선생님에게 큰 영향을 받았다고 해. 하인리히 슐리만 선생님은 트로이와 미케네 문명이 실제로 있었다고 믿고 그 유적을 찾아 발굴했어. 하인리히 슐리만 선생님에 의해 트로이와 미케네 문명이 실제로 있었다는 사실이 증명되자, 감동을 받은 에번스 선생님은 1900년부터 약 10년 동안 크레타 섬을 발굴하기 시작했단다. 오랜 노력 끝에 드디어 크노소스 궁전을 발견하면서, 미노스 왕과 크노소스 궁전에 관한 이야기가

아서 에번스 동상

신화가 아닌 실제로 있었던 이야기라는 것이 밝혀지게 되었어.

　에번스 선생님은 발굴 초기부터 유물 보존과 복원 작업을 함께 했는데, 많은 부분에 시멘트를 발라 사람들에게 고대 유물을 손상시켰다는 지적을 받기도 했어. 옛 시대의 통나무나 목재의 질감을 표현하기 위해서 나무색을 칠해 놓은 곳도 있는데, 내가 보기에도 약간 어색한 느낌이 들었단다.

02 미노스 왕, 안녕하세요?

 선생님, 안녕하세요? 저를 기억하시죠?

얘들아, 너희들에게 크레타의 크노소스 궁전에서 만난 공작새를 소개해 줄게. 내가 크노소스 궁전을 둘러보는데 어딘가에서 아기가 떼를 쓰며 우는 울음소리 같기도 하고 목이 쉰 아이가 소리 지르는 것 같기도 한 소리가 들렸지. 무슨 소리인가 주위를 둘러보았더니 바로 궁전 주변을 돌아다니던 공작새가 내는 소리였어. 한 여자아이가 공작새를 쫓아서 달려가니까 엉덩이를 빼고 도망가는 모습이 조금 우스웠단다. 이

크노소스 궁전의 공작새

33

얘기는 공작새가 알면 별로 좋아하지 않을 것 같으니까 모른 척해야겠어. 킥킥.

 선생님, 뭐가 그리 우스우세요? 혹시 제가 도망가던 모습?

맞아. 하지만 내가 그런 상황이었다면 나는 더 웃겼을걸! 너는 그래도 달음박질이라도 잘하지만 난 아주 형편없거든. 너도 우리 친구들에게 크노소스 궁전에 대해서 설명해 주렴.

에헴, 친구들 안녕? 난, 크노소스 궁전 바로 옆에 사는 공작새야. 이곳에 살다 보니까 자연히 크노소스 궁전에 대해서 아는 것이 많아졌지. 먼저 크노소스 궁전을 다스린 미노스 왕이 태어나게 된 이야기부터

황소와 사랑에 빠진 파시파에

해 줄게.

어느 날 제우스가 황소로 변신하여 페니키아의 공주 에우로페를 납치해서 크레타 섬으로 데려왔어. 에우로페는 제우스의 세 아들인 미노스, 라다만토스, 사르페돈을 낳았단다. 미노스는 두 동생을 제치고 크레타 섬을 독차지한 뒤 왕국을 넓혔어. 미노스는 완벽한 법을 갖추고 훌륭한 예술가들을 사방에서 불러들였단다. 그중에는 유명한 건축가이자 발명가인 다이달로스도 있었지.

어느 날 포세이돈은 미노스 왕에게 황소 한 마리를 주면서 제물로 바치라고 했어. 하지만 미노스 왕은 황소를 제물로 바치지 않았어. 그 황소가 너무 잘생겼기 때문이지. 바로 나처럼 말이야. 킥킥, 미안.

화가 난 포세이돈은 미노스 왕에게 벌을 주려고 미노스 왕의 아내 파시파에를 황소와 사랑에 빠지게 했어. 그래서 낳은 자식이 바로 얼굴은 황소이고 몸은 사람인 미노타우로스였단다. 미노타우로스란 '미노스의 황소'라는 뜻이야.

미노스 왕은 화가 나서 다이달로스에게 이 괴물을 가두어 둘 라비린토스를 지으라고 명령했어. 라비린토스는 '미궁'이라는 뜻인데 한번 들어가면 밖으로 나올 수 없는 곳이지. 그 후, 해마다 아테네에게 소년 7명과 소녀 7명을 바치게 해서 미노타우로스의 먹이로 주었어. 이 끔찍한 조공은 아테네의 젊은 왕자 테세우스가 미노타우로스를 물리치고서야 비로소 끝이 났단다.

미노타우로스

🐦 선생님, 이제 테세우스에 대해선 제가 설명할게요. 가만히 있으려니까 날개가 근질거려요. 친구들, 다시 안녕!

테세우스는 아테네 왕가 출신으로 그의 아버지는 아이게우스고 어머니는 아이트라였지. 아들이 없던 아테네의 왕 아이게우스는 델포이의 신전으로 가서 신에게 자신이 아들을 얻을 수 있을지 물어보았단다. 그런데 델포이 신탁의 말은 애매모호했어. 아테네로 돌아갈 때까지 포도주 부대의 마개를 열지 말라고만 했지. 궁금증이 풀리지 않은 아이게우스는 친구이자 예언자인 피테우스를 찾아갔어. 피테우스는 아이게우스가 훌륭한 아들을 낳을 것이라는 것을 알고, 아이게우스에게 포도주를 권하여 취하게 한 뒤 자신의 딸 아이트라와 잠자리를 하게 했지.

아이트라가 아기를 가진 것을 알게 된 아이게우스는 아테네를 떠나기 전 큰 바위가 있는 곳으로 아이트라를 데리고 갔어. 그리고 바위 밑에

아이게우스와 아이트라

신발과 칼을 꺼내는 테세우스

칼과 신발을 넣은 다음, 배 속의 아기가 바위를 들 수 있을 정도로 자라면 이 신발을 신기고 칼을 채워 아테네로 보내라고 말했지.

아이트라는 아들을 낳았고, 이름을 테세우스라고 지었단다. 테세우스는 '땅 위에 놓은 자'라는 뜻이래. 아이가 아버지에게 갖고 갈 칼과 신발이 땅 위에 놓여 있었기 때문이지.

어린 테세우스는 외할아버지에게 훌륭한 교육을 받으며 용맹하고 지혜로운 젊은이로 자랐단다. 열여섯 살 되던 해, 어머니에게서 자신의 출생에 대해 듣게 된 테세우스는 바위를 번쩍 들어 올려 자신을 증명해 줄 칼과 신발을 꺼냈지.

드디어 테세우스는 아버지를 만나기 위해 아테네로 떠났어. 주변 사람들이 바닷길로 가는 것이 육지의 길로 가는 것보다 안전하다고 말했지만 테세우스는 자신의 용기를 시험해 보기 위해서 일부러 육지의 길을 선택했단다. 테세우스는 어렸을 때부터 헤라클레스 같은 영웅이 되

테세우스를 독살하려는 메데이아

는 것이 꿈이었거든. 테세우스가 일곱 살 때, 헤라클레스가 사자 가죽 옷을 입고 외할아버지 피테우스의 손님으로 나타난 적이 있었어. 헤라클레스가 사자 가죽옷을 땅에 벗어 놓자 다른 아이들은 진짜 사자인 줄 알고 도망쳤지만 테세우스는 혼자 도끼를 들고 그 사자 가죽 쪽으로 달려갔다고 해. 이렇게 테세우스는 어린 시절부터 용감했어. 테세우스는 아테네로 가는 험한 길목에서 만난 못된 강도들과 괴물들을 모두 혼쭐내 주었지.

테세우스가 도착했을 때 아테네는 몹시 혼란스러웠단다. 마법사 메데이아가 아이게우스 왕의 아들을 낳아서, 아이게우스가 메데이아의 말에 이리저리 흔들렸기 때문이야. 아이게우스의 동생 팔라스도 이 틈을 노려 자신의 아들 50명과 함께 왕좌를 빼앗을 궁리를 하고 있었지. 이때 테세우스가 나타났어. 메데이아는 아이게우스를 속여 테세우스를 독살

하려고 했지. 잔치 자리에서 테세우스가 독이 든 술잔을 마시려는 순간, 아이게우스는 테세우스의 허리에 있는 칼을 보았단다! 그러고는 테세우스가 자신의 아들이라는 것을 알고 술잔을 엎어 버렸어. 음모가 탄로 난 메데이아는 쫓겨나고 말았단다.

테세우스는 왕자가 되어 왕좌를 노리던 팔라스의 아들 50명을 무찔렀어. 또, 헤라클레스가 크레타 섬에서 잡아 왔다가 풀어 준 사나운 황소가 아티카 주민들에게 피해를 주자 맨손으로 황소를 잡아 아폴론에게 제물로 바쳤어. 테세우스의 인기는 날로 높아만 갔단다.

선생님, 여기까지는 제가 설명하고 공작새가 그다음 이야기를 들려주면 좋을 것 같아요. 제 친구 공작새는 미노스 왕의 '미' 자만 나와도 아주 흥분하거든요.

제비야, 고마워! 가만히 듣고 있으니까 참 재미있네……. 기회가 되면 나도 설명해 주고 싶어서 네 부리만 쳐다보고 있었어. 자, 이제부터 그다음 이야기는 내가 들려줄게.

그 무렵 미노스 왕의 신하들은 매년 아테네로 찾아와 제물을 바치라고 강요했어. 괴물 미노타우로스의 먹이로 줄 소년 7명과 소녀 7명을 바치라고 한 거야. 테세우스가 왔을 땐 세 번째로 제물을 바쳐야 할 때였어. 테세우스는 조국을 구하기 위해서 제물이 될 젊은이들 틈에 섞여 직접 크레타로 가기로 마음먹었지.

테세우스는 젊은이들과 함께 검은 돛을 올린 배를 타고 떠났어. 만일 승리하고 돌아올 경우엔 흰 돛을 올리겠다고 아버지 아이게우스 왕과 약속하는 것도 잊지 않고.

테세우스는 라비린토스 앞에 섰어. 이 라비린토스의 미로는 한번 들어가면 어디로 나와야 할지 모를 정도로 복잡하게 설계가 되어 있었어.

그러나 테세우스에겐 행운이 따랐단다. 미노스의 딸 아리아드네가 테세우스를 보고 첫눈에 반해서 다이달로스한테서 얻은 비밀을 알려 준 거야. 그 비밀이란 실타래의 끝을 미로의 입구에 매어 놓고, 나올 때 실을 되감으며 나오는 거였어. 테세우스는 아리아드네에게 결혼을 약속하고, 실타래와 칼을 받아 라비린토스에 들어가서 미노타우로스를 처치했단다.

미노타우로스를 처치하는 테세우스

테세우스는 아리아드네를 데리고 미리 숨겨 놓은 배를 타고 도망쳤어. 저녁 무렵 낙소스 섬에 도착한 뒤 아리아드네는 바닷가에서 잠깐 잠이 들었어. 그 사실을 몰랐던 테세우스 일행은 다시 아테네로 떠나 버렸단다. 혼자 남게 된 아리아드네는 디오니소스가 발견해서 결혼했다는 말이 있지.

아리아드네를 잃은 슬픔에 젖은 테세우스는 아티카 해안이 바라보이는 곳까지 왔는데도 돛을 흰색으로 바꿀 생각을 못했어. 아들이 돌아오기를 눈이 빠지게 기다리던 아이게우스 왕은 검은 돛을 달고 오는 배를 보고 아들이 죽었다고 생각하여 바다에 몸을 던져 죽고 말았지. 그 뒤부터 그 바다를 아이게우스(에게) 해로 부르게 되었단다.

아이게우스 왕과 검은 돛을 달고 오는 배

🧑 우리 모두 공작새와 제비에게 고마움의 표시로 박수를 쳐 주자.

👦👦 와와와! 짝짝짝!

🧑 다이달로스와 아들 이카로스가 어떻게 되었는지는 내가 설명해 줄게. 라비린토스(미궁)의 비밀을 알려 준 대가로 다이달로스와 이카로스는 미궁 안에 갇히게 되었단다. 다이달로스는 아들과 함께 미궁에서 죽어야 할 신세가 되었지. 하지만 다이달로스는 멋진 꾀를 생각해 내었단다. 미궁 위를 자유롭게 날아다니는 새들을 보고 밀랍으로 날개를 만들

이카로스의 추락

생각을 한 거야. 다이달로스는 워낙 손재주가 뛰어났기 때문에 밀랍으로 날개를 만들기는 아주 쉬웠지.

다이달로스는 이카로스에게 날개를 달아 주면서 단단히 일렀어.

"절대 태양 가까이로 가면 안 된다! 너무 뜨거워서 밀랍이 녹아내릴 테니까."

이카로스는 힘차게 고개를 끄덕이며 하늘로 날아올랐지. 그런데 하늘로 날아오르는 기분이 너무 좋아서였을까. 이카로스는 아버지가 한 말을 까맣게 잊어버리고 말았어. 하늘 높이, 태양 가까이 날아오르다 그만 날개가 녹아내려 바다로 떨어지고 말았단다. 이 이야기를 빗대어서, 지나치게 자기도취에 빠져 하늘 높은 줄 모르고 뽐내다 아래로 떨어질 때 '이카로스의 추락'이라는 말을 쓰기도 한단다.

자, 여기까지 들은 친구들은 궁금증이 생길 거야. 어디까지가 신화이고 어디까지가 사실인지 말이야. '제우스는 진짜 있었을까? 미노타우로스와 라비린토스, 미노스도 있었을까?' 하는 궁금증. 나 역시 그 문제로 많이 고민했단다. 우리나라의 고구려를 세운 주몽과 신라를 세운 박혁거세는 알에서 태어났다고 하지. 그렇게 해야 나라를 세운 왕이 보통 사람보다 더 위대하고 신비하다는 생각이 들기 때문일 거야. 미노스를 제우스의 아들이라고 생각한 것도 그래야 미노아 문명을 세운 미노스가 더 위대하게 여겨졌기 때문일 거야. 그리스 사람들의 머릿속에는 제우스는 위대한 신이라는 생각이 자리 잡고 있어. 그래서 제우스의 후손이라고 하면 훨씬 능력 있어 보여서 그런 이야기를 만들어 냈을 거야. 앞으로 우리는 자신이 신의 후손이라고 말하는 사람들을 많이 만나게 될 거야.

  그리스 사람들은 사실에 상상을 덧대어 재미있는 이야기를 많이 만들어 냈단다. 한마디로 재미있는 이야기꾼들이라고 생각하면 돼. 그래도 세계인들이 그 이야기를 읽고 즐거워했기 때문에 그 사람들을 거짓말쟁이라고 비난할 수는 없을 거야. '미궁'이라는 라비린토스도 사실은 크노소스에 1200여 개나 되는 방이 있어서 어디가 어디인지 가늠이 안 되어 자연스럽게 나온 말이라고 생각해. 크노소스에 있는 방들은 아주 작

미로를 떠올리게 하는 크노소스 궁전의 작은 방들

은 데다 길이 분명하지 않아서 들어가면 길을 잃기 쉽거든.

그러면 정말 미노타우로스는 있었을까? 그것 역시 크레타 사람들이 소를 신성하게 생각해서 만든 이야기일 거야. 생각해 봐. 그 시대에 소가 사람들에게 얼마나 중요한 역할을 했을지. 밭을 갈 때 필요하지, 고기도 먹을 수 있지. 또 힘은 얼마나 센지! 화가 나면 뿔로 사람을 받는 소는 사람들에게 두려움을 주기도 했을 거야.

이 이야기를 들으니 그리스 사람들의 상상력이 얼마나 풍부한지 알 수 있겠지?

박물관에 있는 미노타우로스 조각상

03 크노소스 궁전이 너무 멋져요!

🧒 선생님, 이제 크노소스 궁전이 어떻게 생겼는지 보고 싶어요.

👨 그래, 이제 제비와 함께 크노소스 궁전을 구경하러 가자.

🧒 혹시 그곳에 도마뱀이나 뱀 같은 것은 없을까요? 뱀은 딱 질색이거든요.

🐦 걱정하지 마! 그곳엔 도마뱀도 없고 뱀도 없어. 대신 나비와 잠자리 같은 곤충이 있지. 그리고 향기로운 예쁜 꽃도 있어.

👨 이곳이 크노소스의 입구란다. 크노소스에서는 소의 모습이나 소의 뿔을 상징하는 조각을 곳곳에서 볼 수 있어. 크노소스 사람들이 소를

45

아주 신성하게 생각했기 때문이야. 그래서 머리는 소이고 몸은 인간인 미노타우로스 이야기를 만들어 낸 것인지도 몰라.

이곳에서 발견된 소의 모습을 한 조각을 살펴볼까? 지금은 박물관에 보관되어 있지. 나무로 만든 소의 뿔에는 황금을 칠해 놓았단다. 옆으로 약간 휘어지다 하늘로 치솟아 오르는 뿔의 곡선이 너무 아름답지? 날카롭게 뻗친 뿔에서는 금방이라도 힘이 솟아날 것 같아. 소의 눈은 수정으로 만들었대. 마치 나를 쳐다보는 것 같은 눈빛이야.

궁전 서쪽에는 신전과 옥좌의 방이 있어. 옥좌는 왕이 앉는 자리를 말

소의 모습을 한 조각

크노소스 궁전 북쪽 입구의 황소 벽화

해. 신전 쪽에 제물을 바치고 제사를 지내던 곳이 있는데 그곳에서 양손에 뱀을 든 '뱀의 여신상'이 발견되었지. 지금은 이라클리온 고고학 박물관에 있는데, 가슴을 드러낸 채 양손으로 몸부림치는 뱀을 쥐고 있는 작은 조각품이란다. 뱀은 다시 태어나는 것을 상징하고 풍만한 가슴은 자식을 많이 낳는 것

뱀의 여신상

이나 농사의 풍요를 상징하지. 또, 뱀을 남자 성기의 상징으로 본다면 당시 사회가 아버지보다 어머니의 위치가 더 높은 모계 사회였을 수도 있다는 것을 알려 주기도 한단다.

 나는 실제로 보기 전에는 이 여신상이 매우 클 거라고 상상했단다. 움직이는 뱀을 틀어쥘 만한 힘을 가진 여신이라면 보통 사람보다 클 거라고 생각한 거지. 하지만 내 예상은 빗나갔어. 여신상은 장식품으로 봐야 할 정도로 작았단다. 여신상은 2개인데, 엄마와 딸일 것으로 추측한다고 해. 신성한 뱀을 몸에 감거나 들고 있는 형태와 큰 머리 장식, 장식된 옷을 입고 가슴을 드러낸 모습 등이 닮아 엄마와 딸로 생각하는 것 같아. 이 작품은 기원전 16세기의 것이지.

 옥좌의 방 벽에는 네 방향에 그리핀이라는 상상 속 동물이 그려져 있고 왕이 앉았던 돌의자가 있단다. 그리핀은 머리는 새이고 몸은 사자인 상상의 동물이야. 무섭다기보다는 귀엽고 친근한 느낌이 드는 동물이지. 아마도 우리나라의 해태 같은 상상의 동물인 것 같아. 그리핀은 델

크노소스 궁전 옥좌의 방

포이 박물관에 조각이 보관되어 있어.

돌의자는 생각보다는 크지 않아서 왠지 왕의 몸집이 그다지 크지 않았을 거라는 생각이 들었단다. 그래서 에번스 선생님은 이 의자가 아리아드네의 의자가 아닐까 하고 상상하기도 했대. 남자가 앉기에는 조금 작아 보였기 때문이야.

옥좌의 방 위층에는 벽화의 방이 있는데 그곳에 〈파리지앵〉이라는 벽화가 있어. 파리지앵은 '파리 사람'이라는 뜻인데 벽화에 있는 여인의 모습이 너무 세련되고 멋있어서 에번스 선생님이 그렇게 이름을 붙여 주었대. 붉은 루즈를 바른 입술이며 곱슬머리 한 가닥을 이마 한쪽으로 애교머리처럼 내린 모습, 파

벽화 〈파리지앵〉

48

랑, 빨강 줄이 쳐진 웃옷을 입은 모습이 한눈에 멋쟁이라는 것을 알 수 있지. 에번스 선생님은 이 여인이 혹시 미노스 왕의 부인인 파시파에 왕비가 아닐까 하고 생각했어.

벽화 중에는 소가 날뛰는 모습을 그린 〈소의 등에 탄 사람〉과 〈파랑새〉도 유명하단다.

내 친구인 제비의 조상이 그려져 있는 벽화도 있어. 제비 두 마리가 그려져 있는 것인데, 우리 친구 제비의 조상이 크노소스 궁전에 살았다는 것을 알 수 있지.

크노소스 궁전의 항아리

궁전의 서쪽에서 흥미 있는 곳은 창고야. 식량을 보관하던 넓은 공간을 보면 궁전에 얼마나 많은 사람이 살았는지 가늠할 수 있단다. 창고에 있는 수많은 항아리는 곡물, 올리브, 올리브기름 등을 보관하는 데 썼어. 항아리의 일부가 지금도 남아 있고 올리브 열매와 보리, 콩 등이 발견되었지. 저렇게 큰 항아리를 만들었다면 분명 크노소스 궁전의 사람들은 마음 씀씀이도 컸을 것 같아.

🐝 선생님, 이제부터 제가 설명해도 될까요? 선생님이 계속 설명하니까 땡볕에 서 있는 친구들 몇 명이 자꾸 눈을 찡그려요.

👦 그래, 마침 나도 쉬고 싶었어. 햇빛이 너무 강해서 그늘에 잠깐 앉

고 싶었거든.

🐝 얘들아, 이번에는 왕궁으로 사용된 동쪽 건물로 가 보자. 안뜰을 지나 큰 계단이 있는 이곳은 크노소스 유적에서 가장 높은 건물이란다. 4층 건물로 구조가 복잡하지만 아래층까지 빛이 들어오도록 설계되었어. 고대 사람들의 건축 실력이 대단하지? 가장 아래층인 지하와 기둥이 늘어선 넓은 복도까지 빛이 들어와서 붉은색과 검은색 기둥을 비춰 주지. 그래서 지하라고 느끼지 못할 만큼 화사하고 멋지단다.

이곳에서 가장 멋진 곳은 여왕의 방과 욕실이야. 욕실 벽에는 시원한 하늘색 돌고래가 그려져 있어. 그 시대에 욕실이 있었다는 사실이 놀랍지 않니? 욕실은 출입구를 막아 놓아서 너희는 들어갈 수 없지만 나는

크노소스 궁전 여왕의 방

자유롭게 날아가서 목욕탕에 앉아 본 적도 있지. 에헴!

궁전 북쪽에는 물이 빠져 나가는 배수구와 사용할 물을 보내 주는 상수도 시설이 있단다. 방을 서늘하게 하는 물 저장 탱크, 전망이 좋은 베란다 등 세심하게 갖춰 놓은 설비를 보면 크노소스 궁전에 살던 사람들은 놀라운 문명을 발달시켰다는 것을 알 수 있어. 미노아 문명 사람들은 위생 시설이 아주 좋은 곳에서 살았던 거지. 그래서 나도 아주 깨끗한 벌이라고 할 수 있어. 킥킥.

벽화〈백합 왕관을 쓴 왕자〉

남쪽과 북쪽 출입구 근처에 있는 벽화는 놀라울 정도로 아름답단다. 남쪽 입구 바깥쪽으로는 〈백합 왕자의 벽화〉가 있지. 정확히 말하면 〈백합 왕관을 쓴 왕자〉라고 해야 맞을 거야.

북쪽에는 창고와 이런저런 물자가 운반되던 곳이 있어. 그곳에서 아래쪽으로 내려가면 극장 터가 있단다. 그 시대에도 여러 사람이 모여 앉아서 연극이나 음악, 시 등을 감상했다는 것이 아주 신기하지?

그런데 크노소스 궁전에 정말 슬픈 일이 생긴단다. 바로 미케네 사람

크노소스 궁전 극장 터

들이 크레타 섬에 쳐들어온 것이지. 크노소스는 너희들이 본 것처럼 성벽을 쌓지 않고 강력한 군대만 믿었다가 미케네의 군대에 항복하고 말았어. 그래서 크노소스의 영광은 이제 미케네로 옮겨 가게 되었지.

　그래도 나는 옛날의 영광이 서려 있는 이곳 크노소스가 너무 좋아. 내 친구의 조상들이 살았던 곳이고 내 조상들 역시 이곳에서 살았기 때문이야. 내 이야기를 들어 준 친구들, 고마워!

🧒 얘들아, 우리에게 미노아 문명을 설명해 준 제비와 공작새, 그리고 크노벌에게 박수를 쳐 주자!

🧒🧑 와! 와! 짝짝짝!

🧑 크레타 섬까지 왔으니 그냥 가지 말고 이라클리온 고고학 박물관에 들러 진짜 벽화의 모습과 미노타우로스의 모습도 보고 가자꾸나.

🧑 이제 우리는 크레타 섬을 떠나 미케네로 향할 거란다. 미케네에 가기 전에 이

고고학 박물관의 황소 조각

곳에서 태어난 화가 엘 그레코(1541~1614)를 기념한 공원과 〈그리스 인 조르바〉를 쓴 니코스 카잔차키스(1883~1957)의 무덤을 찾아가 보자.

🧒🧑 에이, 선생님. 우린 그분들에 대해서 잘 모르는데도 가야 하나요? 이렇게 해도 쨍쨍 내리쬐는데…….

🧑 엘 그레코의 그림은 너희에게 꼭 소개해 주고 싶었어. 마침 엘 그레코가 태어난 고향에 왔으니 너희에게는 좋은 기회가 될 거야. 너희가 약간 지루해하는 것 같으니 이곳의 길에서 만난 털북숭이 개에게 설명을 부탁해 보자.

🧒🧑 와와! 털북숭이 개가 설명하는 것이라면 좋아요! 그리고 보니

이곳에는 길에서 어슬렁거리고 돌아다니는 개들이 무척 많아요. 신기하게 사람을 물거나 으르렁거리지도 않고요.

엘 그레코의 그림 〈베드로〉

🐶 멍멍! 얘들아, 안녕! 내 모습이 조금 추레하지? 크레타 섬에 살고 있는 우리 개들은 대개 주인 없이 어슬렁거리며 산단다. 하지만 자신의 구역이 확실해서 자기 구역을 기웃거리는 개를 만나면 가만두지 않아. 너희들에게 설명할 기회가 있을 줄 알았다면 목욕을 하고 올걸. 하여튼 이곳에 여행 온 사람들에게 하도 많은 이야기를 들어서 나도 조금 똑똑한 개가 되었어.

엘 그레코는 '그리스 사람'이라는 뜻이란다. 그는 그리스에서 활동하지 않고 에스파냐의 톨레도라는 곳에 살면서 그림을 그렸어. 엘 그레코의 그림 양식을 '매너리즘' 혹은 '마니에리스모'라고 해. 사람의 몸을 이상할 정도로 길게 늘어뜨리는 등 몸을 과장하여 그리는 그림을 말한단다. 엘 그레코의 그림에서는 신비함이 느껴지지.

🧒 나도 몇 년 전에 에스파냐의 톨레도에서 엘 그레코가 그린 그림들을 감상한 적이 있어. 그림을 보니 참 엄숙하고 고즈넉한 느낌이 들었어. 그림 속 사람들의 표정 역시 참 진지했지. 털북숭이야, 계속하렴.

🐶 지금 너희가 보고 있는 이곳은 엘 그레코를 기념해서 만든 공원이

야. 아주 자그마한 공원인데 동네 할머니들이 모여서 이런저런 이야기를 하는 곳이기도 해.

다음엔 니코스 카잔차키스가 묻힌 무덤에 가 보자. 무덤이 있는 곳은 크레타 섬에서 가장 높은 언덕이야. 무덤으로 가는 길 옆엔 작은 축구장이 있어. 그곳을 지나 조금 올라가면 높은 언덕이 나타난단다.

니코스 카잔차키스의 무덤 앞에 선 작가

언덕에 서면 지중해의 모습이 한눈에 들어온단다. 그런데 니코스 카잔차키스의 무덤은 아주 소박해. 나무 십자가만 달랑 있거든. 그분이 살아 계셨을 때의 소박함을 잘 보여 주지.

👦 다시 끼어들어서 미안. 털북숭이가 작품에 대해서 설명을 하기는 힘들 것 같아서. 니코스 카잔차키스가 쓴 〈그리스 인 조르바〉는 그리스 사람들의 성격을 잘 나타내 주는 작품이야. 조르바는 삶을 느긋하게 즐기며 살아. 노는 것을 좋아하고 일은 아주 여유 있게 하지. 하지만 어려움에 처한 사람을 진심으로 도울 줄 아는 따뜻한 사람이라는 것을 책을 읽으면 알 수 있단다. 조르바를 보면 마치 미하엘 엔데라는 작가가 쓴

작품의 '모모'라는 꼬마 소녀가 생각나. 모모 역시 사람을 사랑할 줄 아는 아이잖아. 이런 작품을 쓴 작가의 마음 밑바닥엔 인간을 사랑하는 마음이 자연스럽게 배어 있는 것 같아.

🐶 선생님, 제 마음속에도 인간을 사랑하는 마음이 있어요. 컹컹! 얘들아, 그분의 묘비에는 이렇게 써 있단다.

    나는 아무것도 희망하지 않는다.
    나는 아무것도 두려워하지 않는다.
    나는 자유다.

👨 이 말은 조금 어려운 구석이 있는데 아마도 무엇인가에 대한 욕심이 없기 때문에 두려워할 것이 없다는 뜻이 아닐까? 자, 우리 털북숭이 개에게 고마움의 표시로 머리를 쓰다듬어 주자.

👧👦 안녕, 털북숭이! 우린 미케네로 갈 거야.

🐶 멍멍! 좋은 여행이 되기를 바랄게!

🐝 선생님, 저도 선생님을 따라갈래요!

👨 그건 곤란한걸. 나는 비행기를 타고 아테네로 가서 자동차로 미케네로 갈 건데……. 어떻게 너와 함께 가지?

🐝 걱정하지 마세요. 제가 선생님의 손가방 속에 가만히 들어가 있으면 돼요.

🧑 글쎄? 혹시 비행기 안에서 답답하다고 왱 날다가 사람들이 난리를 치면 어떡하니?

🐝 절대 그럴 일 없을 거예요. 전 그리스와 아이들을, 그리고 무엇보다 선생님을 사랑하는 벌이라서 선생님과의 약속을 지킬 거예요.

🧑 좋아, 그럼 미케네를 향해서! 크노벌도 함께!

미케네

미케네는 펠로폰네소스 반도에 있는
고대 성채 도시야. 트로이 유적 발굴로 유명한
하인리히 슐리만이 발굴했지.
크레타 섬의 미노아 문명이 무너진 이후에는
아가멤논이 다스리는 미케네가
그리스에서 가장 강력한 도시였단다.
미케네는 여러 지역과 교류하며 세력을 떨쳤고,
화려한 문명을 꽃피웠단다.

01
미케네, 아가멤논의 나라

02
미케네는 어떻게 시작되었니?

미케네, 아가멤논의 나라

그리스 신화에 나오는 파리스의 황금 사과 이야기 들어 본 적 있지? 그래도 모르는 친구들이 있을지 모르니 다시 이야기해 줄게.

불화의 여신이 던진 황금 사과에는 '가장 아름다운 여신에게'라는 말이 쓰여 있었어. 아테나, 헤라, 아프로디테, 세 여신은 황금 사과를 서로 자기 것이라고 우겼단다. 결국 트로이의 왕자인 파리스에게 심판을 봐 달라고 했어. 파리스는 황금 사과를 아름다움의 여신인 아프로디테에게 주었고, 그 대가로 세상에서 가장 아름다운 여인을 부인으로 얻게 되었지. 그 여인이 바로 스파르타의 왕비 헬레네야. 하지만 그 일로 인해서 트로이와 그리스 사이에 큰 전쟁이 일어나게 돼. 부인을 빼앗긴 스파르타의 왕 메넬라오스는 형 아가멤논에게 도움을 청했어. 결국 모든 그리스의 도시 국가들이 힘을 합쳐 트로이로 쳐들어갔고, 트로이 전쟁이 시작됐단다. 트로이와 그리스가 싸울 때 그리스를 이끌던 총사령

관은 아가멤논이었지. 아가멤논이 바로 미케네의 왕이었단다.

미케네는 기원전 1700년경에 시작되어 기원전 1100년경까지 이어진 그리스의 고대 도시야. 미케네 성은 아르고스 북서쪽 일리아스 산과 자라 산 기슭 해발 278미터의 높은 언덕에 요새 겸 성으로 세워졌단다. 미케네 성에서 아래를 내려다보면 넓은 아르고스 평야가 펼쳐져 있고, 일리아스 산과 자라 산이 미케네 성을 지켜 주는 거인처럼 뒤편에 버티고 서 있지.

미케네가 가장 크게 번성한 시기는 기원전 14세기에서 기원전 13세기였어. 그때 미케네는 여러 나라와 무역을 했고 식민지까지 있었단다. 미케네 가까이에는 바다가 있었기 때문에 바다를 통해서 여러 나라와 무역을 하는 일이 어렵지 않았지.

미케네 유적은 1876년 독일 고고학자인 하인리히 슐리만(1822~1890)

미케네 자라 산

미케네 왕궁의 황금 잔

아가멤논의 황금 마스크

이 발굴했단다. 이 발견은 고고학이나 역사학계에서 큰 사건이 되었지. 그때까지 신화의 세계라고 여겨 왔던 일이 역사적 사실이라는 것이 증명되었기 때문이야. 유적지 발굴로 인해 신화 속의 주인공들이 실제로 살았던 인물들로 드러났으니 얼마나 놀라웠겠어! 물론 시인 호메로스의 상상력으로 과장되고 부풀려지기는 했지만 말이야.

미케네 문명은 크레타 문명을 이어받았다고 할 수 있단다. 미케네 사람들은 크레타를 침공한 후 자신들보다 발달된 것들을 베꼈어. 그래서 크레타에서 본 여성들의 모습과 비슷한 모습이 벽화에 새겨져 있고, 크레타의 도자기를 닮은 도자기들을 미케네에서도 볼 수 있지.

호메로스는 미케네를 '황금이 넘쳐 나는 곳'으로 노래했단다. 실제로 하인리히 슐리만이 발견한 아가멤논의 황금 마스크뿐만 아니라 무덤에서 발굴된 대부분의 유물이 호메로스의 시를 증명이라도 하듯이 황금으로 만들어져 있어. 미케네 왕궁의 화려함과 놀라운 건축술은 보는 사람들을 감탄하게 한단다.

나는 여름과 겨울, 미케네에 두 번 가 보았어. 일리아스 산과 자라 산은 강한 근육을 가진 남자의 몸 같은 산이란다. 그리스 대부분의 산들

미케네의 성채 모형

이 이와 비슷하지. 여름의 불볕더위가 한창인 날, 미케네의 성채로 올라갈 땐 산을 닮은 거친 바람이 불고 있었어. 바람이 너무 심하게 불어 모자가 바람에 날아갈까 봐 손으로 꽉 잡아야 했지. 하지만 겨울은 여름과 달리 산으로 오르는 길마다 연둣빛이 가득했어. 이곳의 겨울은 우리나라의 초봄과 비슷해. 갑자기 비가 쏟아지는 것만 빼면 말이야. 여름엔 거칠게 보였던 산이 오히려 겨울엔 봄바람처럼 부드럽고, 바람결에는 향기가 묻어 있었단다. 조팝나무 향기와 아네모네의 향긋한 꽃 내음까지…….

 선생님, 선생님! 제 목소리가 너무 작아서 안 들리세요?

아, 노랑나비, 네가 나를 불렀니?

네, 선생님이 저를 미케네 성에서 처음 봤을 때 너무 예쁘다고 넋을 잃고 쳐다보셨잖아요. 그래서 제가 보답하는 뜻에서 친구들에게 미케네 성에 대해서 설명해 주고 싶어요.

그래! 좋은 생각이야! 얘들아, 내가 미케네에 와서 제일 먼저 만난 친구가 바로 저 노랑나비야. 노랑나비가 너희들에게 미케네에 대해 설명해 주고 싶대.

짝짝! 좋아요! 우리는 나비를 좋아해요!

고마워! 팔랑팔랑. 내가 날개를 흔드는 것은 고맙다는 뜻이야.

   미케네 성으로 들어가려면 제일 먼저 사자문을 들어서야 한단다. 사자 두 마리가 신성한 기둥을 사이에 두고 앞발을 딛고 서 있는 모습이 보이지? 난, 저 모습이 무서워서 이 앞으로는 잘 오지 않아. 금방이

사자문

라도 무서운 사자가 튀어나올 것 같거든. 사자의 머리는 사라졌지만 몸뚱이만 봐도 오싹하다니까. 이 문을 이루는 각각의 돌덩어리는 무게가 20톤에 이르는데, 이 무거운 돌을 어떻게 올려놓았는지는 아직도 수수께끼로 남아 있대.

미케네 사람들은 사자를 두려워하기도 했고, 한편으론 자신들의 용맹을 시험하는 대상으로 삼기도 했던 것 같아. 이곳에서 얼마 떨어지지 않은 네메아라는 곳에는 헤라클레스가 사자를 죽이고 그 가죽을 머리에 뒤집어쓰고 다녔다는 이야기도 있잖아.

잠깐, 사자에 관해서는 박물관에서 본 칼 이야기를 들려주고 싶어. 이곳의 무덤에서 발견된 칼에는 사자와 사람이 쫓고 쫓기는 모습이 담겨 있어. 사자의 모습이 얼마나 활기차고 생동감이 있는지 금방이라도 사자가 칼 속에서 튀어나올 것 같았단다. 사자와 사람의 모습은 금으로 입혀져 있지.

미케네의 황금 검

저도 언젠가 박물관에 가서 그 칼을 구경하고 싶어요. 하여튼 이 사자의 문은 기원전 1250년경에 세워졌어.

크레타 문명에서는 성벽이라는 것이 없었는데 미케네 시대가 되면서 성벽이 생겨났어. 성벽의 두께는 보통 7~8미터에 이를 정도로 두껍고 튼튼했다고 해. 이런 튼튼한 성벽이 세워졌다는 것은 수없이 전쟁이 일어났다는 것을 증명해 주는 거래.

지금도 내 귀에는 저 성벽을 타고 이곳을 침략하려는 병사들의 외침 소리가 들리는 것 같아. 하지만 성채가 워낙 높은 산 위에 세워져 있고 성벽이 너무 두꺼워 웬만한 적들은 쳐들어올 수 없었을 거야. 기원전 1100년경에 도리아 인에게 멸망하고 말았지만 말이야. 그러고 보면 도리아 인들은 미케네의 단단한 돌보다 더 강한 사람들 같아.

사자문을 빠져나가 가풀막진 언덕을 바로 올라가면 오른쪽 아래에 지름이 26.5미터나 되는 원형 묘지가 있단다. 하인리히 슐리만 선생님은 이 묘지를 아가멤논의 묘지라고 생각했지만 더 오래전의 묘라는 것이 밝혀졌어. 이곳에서는 많은 무기와 아가멤논의 황금 마스크, 보검, 장신구들이 발견되었지. 그 유물들은 아테네 국립 고고학 박물관에 전시되어 있어.

원형 묘지에서 다시 급하게 가풀막져 있는 언덕을 올라가 정상에 서면 오른쪽으로 궁전 유적지가 있단다. 궁전에는 목욕탕이 있었다고 해. 그 시대에도 물을 저장하고 썼다는 것을 알 수 있어. 동쪽에 저수지도 있고, 또 조금 떨어진 곳에서는 비밀 저수장이 발견되었어.

궁전 유적지에서는 메가론을 볼 수 있는데 메가론이란 넓은 공간을 말해. 2개의 방이 잇대어 있고 그 옆에 큰 방이 있단다. 중앙에는 천장을 받치고 있던 기둥 4개의 흔적과 난로의 흔적이 남아 있어. 이곳에서 사방을 둘러보면 넓디넓은 아르고스 평야의 멋진 경치를 감상할 수 있단다.

그래서 나는 이곳이 너무 좋아 떠나지 않고 있어. 물론 바람이 세서 날개가 찢어지는 아픔이 있지만 잘 참아 내려고 해. 너희 역시 그리스의 여름 뙤약볕을 잘 이겨 내고 있잖아. 이런 땡볕 속에서 그리스의 역

미케네의 원형 묘지

사를 공부하는 너희 모습이 참 멋져 보여.

 이곳을 빠져나가 너희가 들어왔던 입구에서 한참을 내리막길로 내려가면 버스가 지나는 길 오른쪽에 '아트레우스의 보물 창고'가 있어. 이 보물 창고를 보면 너희는 미케네 사람들의 건축 능력이 얼마나 뛰어났는지 감탄하게 될 거야.

 아트레우스의 보물 창고 이야기는 내가 들려줄게. 노랑나비는 이집트에 다녀오지 않았을 것 같으니까. 노랑나비를 무시하는 건 아니야. 너는 이 세상 나비 중에서 가장 똑똑한 나비일 거야.

 아트레우스의 보물 창고는 이집트의 영향을 받았단다. 조금 뒤에 다

미케네 왕궁의 메가론

시 듣겠지만 아트레우스는 아가멤논의 아버지란다. 이 보물 창고는 사실은 무덤이라고 해. 길이 36미터, 폭 6미터의 통로가 있어서 밖에서 보면 이집트의 피라미드로 들어가는 입구와 아주 비슷해. 몇 년 전에 이집트의 피라미드 안으로 들어간 적이 있었거든. 아주 좁은 입구를 들어서니까 밖에는 더위가 한창인데도 안은 서늘하더라고. 마찬가지로 이 보물 창고 안도 아주 시원했단다.

  보물 창고 안쪽은 33층으로 돌을 겹쳐 쌓아 올려 동그란 꼭대기까지 연결시켜 놓았단다. 그래서 벌집 모양의 묘지라고도 하는데, 3000여 년이 지난 오늘까지도 그 모양이 흐트러짐이 없으니 참 신기한 일이지. 바깥에서 보면 그냥 작은 언덕처럼 생긴 무덤인데 말이야.

아트레우스의 보물 창고

🦋 선생님, 이제 우리 친구들에게 미케네의 시작에 관한 그리스 신화를 들려주고 싶어요.

👧👦 네, 선생님! 듣고 싶어요.

👦 그래, 노랑나비가 아마 잘 알고 있을 거야.

02 미케네는 어떻게 시작되었니?

 다시 설명할 수 있어서 정말 기뻐.

그리스 신화에 따르면 미케네는 제우스와 다나에의 아들 페르세우스가 세웠고, 페르세우스의 자손이 다스리다가 아트레우스 집안이 그 뒤를 계승했대.

아트레우스에게는 아가멤논과 메넬라오스라는 두 아들이 있었어. 그 중에서 아가멤논이 미케네의 왕이 되었지. 아가멤논은 트로이 전쟁에 나가게 되었어. 그런데 아르테미스의 성스러운 지역에서 그녀의 동물인 사슴을 죽였기 때문에 아르테미스 여신의 노여움을 사게 되었단다. 아르테미스 여신의 노여움을 풀기 위해서는 첫째 딸 이피게네이아를 희생시켜야만 했다지. 아가멤논은 아내 클리타임네스트라가 딸을 살려 달라고 아무리 애원해도 듣지 않고, 사랑하는 딸을 죽인 후 트로이로 향했어. 아가멤논의 차갑고 냉정한 행동을 용서할 수 없었던 클리타임네스

딸을 죽이는 아가멤논

트라는 복수할 날만 기다렸어.

아가멤논은 약 9년 동안 트로이와 싸우고 승리한 뒤 고향 미케네로 돌아왔어. 그러자 클리타임네스트라는 아이기스토스를 시켜 아가멤논이 목욕할 때 살해하게 했단다. 어떤 이야기에 따르면 메가론에서 연회를 벌이던 중에 살해했다고 해.

아가멤논과 클리타임네스트라에게는 이피게네이아 외에도 엘렉트라라는 딸과 오레스테스라는 아들이 있었단다. 아버지 아가멤논이 살해되던 날 도망친 오레스테스는 다른 곳에서 자라 청년이 되었고, 아폴론에게서 아버지의 원수를 갚으라는 지시를 받게 돼. 누나 엘렉트라의 도움을 받아 미케네로 돌아온 오레스테스는 아버지를 죽인 아이기스토스를 처치하고 자신의 어머니 클리타임네스트라마저 죽였단다.

오레스테스의 복수

그러나 어머니를 죽인 오레스테스는 복수의 여신들에게 시달린 끝에 미치고 말았대. 하지만 그의 친구 필라데스가 그를 보호해 주었다고 해. 너희에게도 그런 친구가 있는지 궁금하네. 나는 이곳에 피어 있는 꽃과 그런 우정을 가진 친구 사이야.

클리타임네스트라와 아이기스토스의 묘는 지금도 남아 있지만, 아가멤논을 배신했기 때문에 성안에는 묻히지 못하고 성 밖에 묘를 만들었대. 사자문 밖에서 북서쪽으로 100미터쯤 가면 벌집처럼 생긴 묘가 있는데, 두 사람의 묘는 그곳의 남쪽에 있단다.

아, 두 사람의 묘지에 대해서는 내가 말해 줄게. 그곳에 간 것은 겨울이었어. 전날 밤엔 소나기가 퍼붓더니 우리가 도착한 이른 아침엔

아이기스토스의 묘지 안

클리타임네스트라의 묘지 안

클리타임네스트라의 묘지 입구

하늘이 그야말로 쨍하고 깨질듯 맑았어. 물론 뭉게구름이 피어오르긴 했지만. 한국의 가을 하늘을 생각하면 될 거야.

사자문을 들어서기 전에 오른쪽으로 내려가면 클리타임네스트라의 묘지가 있단다. 벌집 모양으로 위가 뾰족하게 올라가 있고 아래는 펑퍼짐한 모양이지. 마치 광대가 쓰는 모자 같은 모양이야. 남편을 배신했기 때문일까? 클리타임네스트라의 묘지 입구는 잡초가 우거져 있고 제대로 정리가 되어 있지 않다는 느낌이 들었어.

그곳에서 열 발자국 위로 올라가면 바로 아이기스토스의 묘지가 보여. 아이기스토스의 묘지는 위가 잘려 나가 있어서 그만큼 하늘이 보인단다. 그런데 묘지 안에 새의 둥지가 있더라고. 우리나라의 동박새같이 몸통이 작고 앙증맞게 생긴 새인데 동박새보다 목소리가 맑고 음이 높은 새였어. 사진을 찍으려고 다가가니까 목소리가 아주 날카로워지더라. 둥지 안에 있는 새끼들에게 뭐라고 이야기하는 것 같기도 하고 나에게 다가오지 말라고 소리 지르는 것 같기도 했지.

묘지 안 새의 둥지

두 사람의 묘지에는 예전에 누렸던 영광의 흔적은 없었어. 다만 사람의 몸에 비해 무덤이 지나치게 크다는 생각만 들었을 뿐이야.

🦋 맞아요! 선생님, 저도 이곳에 살면서 항상 느끼는 것인데 사람이 죽은 후에는 자신의 몸을 누일 수 있는 만큼만 땅이 필요한 것 같아요. 헤헤, 너무 아는 척했나요? 선생님, 이야기를 이어 주세요.

👦 '오이디푸스 콤플렉스'라는 말이 있단다. 그 말은 스핑크스가 낸 수수께끼의 답을 알아 내 테베의 왕이 된 오이디푸스의 이야기에서 나온 말이야. 오이디푸스는 델포이로 가는 길에 자신의 친아버지인 라이오스 왕을 죽였단다. 물론 자신의 친아버지인 줄 모르고 서로 길을 비키라고 하다가 죽인 것이지. 그리고 테베에 와서 자신의 친어머니인 줄 모르고 테베의 왕비인 이오카스테와 결혼했단다. 물론 오이디푸스와 이오카스테의 이야기는 슬프게 끝이 났지. 이 이야기에서처럼 지나치게 아버지에게 경쟁심을 느끼고 어머니를 좋아하는 것을 오이디푸스 콤플렉스라고 한단다.

그런데 오이디푸스 콤플렉스와 반대되는 말이 바로 '엘렉트라 콤플렉스'야. 즉 어머니보다는 아버지를 지나치게 좋아하는 것을 말하지. 엘렉트라는 아가멤논의 딸이라는 것은 알고 있지?

　혹시 이 말을 듣고 걱정하는 친구들이 있을지도 모르겠다. '혹시 내가 두 가지 중 한 가지에 속하는 것은 아닐까?' 하고 말이지. 하지만 걱정하지 않아도 돼. 너희 같은 아이들이 엄마나 아빠를 좋아하는 것은 당연한 일이니까.

오이디푸스 콤플렉스

 선생님, 선생님!

🧑 아, 내가 너를 잊고 있었어!

 네, 그래서 정말 울고 싶었어요. 저에겐 아무 기회도 안 주시고…….

🧑 그래, 넌 약속을 잘 지켜서 비행기 안에서 조용히 있었는데. 스파르타에 도착하면 네게 말할 수 있는 기회를 줄게.
　자, 이제 스파르타를 향해서 달려가 보자.

스파르타

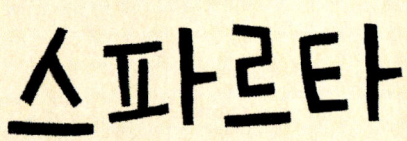

도리아 인들이 세운 스파르타는
고대 그리스에서
아테네만큼 큰 세력을 가졌던
도시 국가였어. 엄격한 군사 훈련과
강한 군대로 이름이 높았지.
스파르타에서는 강한 군인만이
대접을 받았기 때문에 문화와 예술은
아테네만큼 발전할 수 없었단다.

01
군사의 나라, 스파르타

02
맨발의 스파르타 어린이들

군사의 나라, 스파르타

스파르타식 교육이란 말을 들어 본 적이 있지? 아주 엄하게 공부를 시켜서 거의 놀 시간도 없이 공부만 해야 하는 경우를 그렇게 말하지.

펠레폰네소스 반도의 남쪽에 위치한 스파르타를 향해 가던 날은 겨울비가 세차게 내렸어. 비가 도로에 철철 넘쳐서 아주 조심스럽게 운전을 해야 했지. 하지만 어느새 비가 그치더니 해가 쨍쨍 내리쬐더라고.

스파르타는 가는 길부터 다른 곳과 달리 특별한 느낌이 들었어. 사람이 살지 않는 산들이 잇대어 있는 꼬불꼬불한 길을 지루할 정도로 달려간 뒤에야 스파르타를 만날 수 있었단다.

스파르타에 들어서는 순간, 눈앞에 펼쳐진 큰 산들의 이마를 보고 감탄이 절로 났단다. 큰 산들의 이마에는 하얀 눈이 앉아 있고, 산들은 마치 갑옷을 두른 병사들처럼 큰 소리를 지르는 것 같았어.

"어서 오세요, 선생님! 기다리고 있었어요!"

그 소리는 3000년이나 잠자고 있다 깨어난 스파르타의 병사가 지르는 것처럼 우렁차게 느껴졌어.

2400미터의 험준한 타이게토스 산기슭과 에우로타스 계곡 중앙에 자리 잡고 있는 스파르타는 마치 왕따 당한 아이가 저 혼자 노는 재미에 빠져 지내는 것처럼 보였단다. 그래서였을까? 아무리 힘이 센 나라도 스파르타를 넘보기는 힘들었을 것 같아.

계곡 안으로는 넓고 기름진 평야가 펼쳐져 있고 그곳에 올리브 나무와 시트러스가 가득했지. 시트러스는 우리나라의 제주도에서 나는 귤과 비슷한 과일인데, 크기는 아이들 주먹만 하단다. 이 지방에선 가로수로 많이 심겨 있어. 바람이 불면 잘 익은 시트러스가 나무 밑으로 우두둑 떨어져 벌어진 껍질 사이로 향기를 풍긴단다. 나는 호기심으로 한 개

시트러스 나무

고대 스파르타 유적지

집어 보았단다. 껍질을 벗기자 시트러스 안에 감춰져 있던 향기가 한꺼번에 내 코끝으로 달려왔어. 할 수만 있다면 시트러스의 향기를 그대로 한국으로 가져오고 싶었지.

지금의 스파르타는 올리브와 시트러스를 주로 생산하는 자그마한 농업 도시야. 이런 평화로운 도시가 옛날 그 유명한 군사의 나라 스파르타였다는 것이 믿기지 않을 정도지.

스파르타는 고대 그리스에서 아테네와 쌍벽을 이루는 폴리스였어. 폴리스란 고대 그리스의 도시 국가를 말하는데, 마치 너희가 살고 있는 동네 하나가 한 나라라고 생각하면 돼. 고대 그리스는 이렇게 곳곳에 있는 도시 국가가 합쳐져 그리스라는 나라를 이룬 거란다.

그리스에 와 보니까 왜 폴리스가 생겼는지 알 것 같더라고. 그리스는 곳곳에 험준한 산이 있어. 그 산 안으로 도시(폴리스)가 형성되어 있지. 산을 넘어서 한참 가야 또 다른 평야가 나오니 그곳에 새로운 폴리스를 세운 거야. 서로의 폴리스를 넘보려면 산을 넘어야 하는 어려움이 따르지. 그래서 각각 도시 국가를 이루며 살았던 것 같아.

기원전 404년 펠로폰네소스 전쟁이 끝날 때까지 고대 그리스에는 스파르타와 아테네를 축으로 복잡한 역사가 전개되었단다. 스파르타 인의 조상인 도리아 인은 기원전 8세기에 라코니아 평야를 침입해 자리를 잡은 뒤 농업 국가를 세웠지. 그로부터 기원전 7세기 후반까지 '리쿠르고스의 제도'를 기반으로 귀족제를 펼치고 다른 나라와 거래하지 않는 폐쇄적인 군사 국가의 기초를 마련했단다.

쉬웅, 쉬웅! 선생님, 안녕하세요? 저는 3000년 전부터 이곳에서 살았던 바람이에요. 제가 친구들에게 스파르타의 교육과 역사에 대해서 설명해 줄게요.

좋은 생각이에요! 3000년이나 살았으니 할아버지 바람이네요!

와와! 바람 할아버지, 스파르타에 대해서 들려주세요.

에헴! 나를 할아버지라고 부르지 말고 오빠나 형 바람이라고 불러주렴. 할아버지라고 부르면 내가 너무 늙은 느낌이거든. 무엇보다 난 너희 같은 어린이가 좋아서 친구가 되고 싶단다.

02 맨발의 스파르타 어린이들

그럼 스파르타의 교육에 대해 먼저 들려줄게. 스파르타에서는 아기가 태어나면 우선 포도주로 목욕을 시켰단다. 알코올에 닿은 아기가 경련을 일으키면 허약한 아이라 여기고 국가에 이익을 주지 못한다는 이유로 타이게토스 산에 버렸지.

일곱 살이 되면 국가의 공공 교육장에 강제로 입학해서 군사 훈련을 받았어. 거의 벌거벗은 상태로 하루 한 끼만 먹고 책 읽기, 계산, 노래, 무용과 함께 체육에 힘썼단다. 지금도 내 눈엔 그 아이들의 모습이 보이는 것 같아.

스무 살이 되면 결혼을 할 수 있었지. 하지만 서른 살이 되어야 가정을 가질 수 있었어. 성인 남자는 열흘에 한 번 벌거벗고 몸을 검사받았단다. 혹시 살이 찌거나 피부가 희면 게을러서 그런 것으로 보고 벌을 받았지. 하하하, 살이 조금 통통하게 오른 한 친구가 겁을 먹고 있구나!

스파르타의 어머니와 아들

걱정하지 마. 그 일은 옛날, 고대 스파르타에서 있었던 일이니까. 하지만 운동을 열심히 하는 게 건강에 좋아.

스파르타의 어머니들은 아들이 집을 떠날 때 이렇게 말했단다.

"전쟁에 나가거든 살아서 방패를 들고 돌아오너라. 아니면 죽어서 그 방패 위에 얹혀서 돌아오너라."

죽은 아들의 시체가 돌아오면 어머니는 아들의 시체를 살폈어. 앞쪽에 상처가 많으면 조상 대대로 내려오는 묘에 묻었지만, 뒤쪽에 상처가 많으면 전쟁 중에 도망가다 생긴 부끄러운 상처라고 여겨 공동묘지에 묻었단다.

생각해 보면 스파르타의 어머니들은 보통 분들이 아니었던 것 같아. 한국에도 그런 어머니들이 많다고 들었는데.

🧑 물론 훌륭한 분들이 많아요. 한석봉의 어머니는 아들의 글솜씨가 자신의 떡 써는 솜씨보다 못하다며 하던 공부를 더 하라고 돌려보냈고, 김구의 어머니인 곽낙원이라는 분은 아들이 다 컸는데도 옳지 못한 일을 했다고 아들의 종아리를 때리기도 했지요.

🐋 네, 역시 한국에도 훌륭한 어머니들이 많았군요. 친구들, 이야기를 계속할게. 스파르타의 소년들은 여름이고 겨울이고 맨발에 망토 한 벌을 몸에 걸치는 것이 옷의 전부였단다. 한겨울에도 얼음물 목욕으로 강한 체력과 정신력을 길렀지. 그뿐 아니라 자신이 먹을 식량을 스스로 구하기 위하여 농사짓는 법과 먹을 것을 도둑질하는 것을 배웠단다.

밤에도 침대가 아니라 맨땅에 풀잎을 깔고 잤단다. 이 풀도 매일 밤 직접 손으로 뜯어야 했어. 칼을 사용하는 것이 금지되었기 때문이지. 이들은 언제 닥쳐올지 모를 싸움에 대비하여 날마다 군사 훈련을 받았단다. 이들에게 허용된 예술은 오직 밤에 합창하는 것과 피리 부는 것뿐이었지. 그러나 그것도 행진을 위한 연습일 뿐이었어.

스파르타 군대의 식사는 '검은 죽'이라는 별명으로 유명했지. 검은 죽을 맛본 어떤 아테네 인은 이렇게 말했다고 하는구나.

"아테네의 돼지가 먹는 것도 이것보다 나을 것 같소."

그러자 스파르타 인의 대답이 무엇이었는지 아니?

"아테네의 돼지도 그 죽을 10년만 먹으면 용감한 군인이 될 것이오."

🧑 아, 죽 이야기가 나오니까 생각나는 일이 있어. 스파르타에 도착한 날, 저녁을 먹기 위해 레오니다스 왕의 동상이 서 있는 곳으로 갔단

스파르타 아이들의 훈련

다. 식당을 찾기 위해 두리번거리다 제법 깨끗하게 보이는 식당이 있기에 들어갔어. 그런데 은근히 걱정이 되더라고. 혹시 옛날 스파르타 식으로 검은 죽을 주는 것은 아닐까 하고. 하지만 식사가 나온 뒤에 쓸데없는 걱정을 한 것을 알게 되었지. 양갈비와 빵을 주문했는데, 양갈비 냄새가 정말 너무 좋았거든! 노릇노릇하게 구운 양갈비에서는 모락모락

김이 나서 더욱 먹음직스러웠지. 평소엔 양고기를 잘 먹지 않는데 이때는 양갈비 맛에 취해서 손에 묻은 양념까지 쪽쪽 빨아 먹을 정도였어. 고대의 스파르타 인들이 이 맛을 몰랐다는 것이 정말 안타까웠단다. 이렇게 맛있는 것을 못 먹고 검은 죽만 먹었다니!

하하하! 선생님, 저 역시 양고기를 불에 구운 냄새를 무척 좋아해요. 하지만 지나치게 맛난 음식 냄새에 빠지지 않으려고 해요. 대신 산에서 나오는 차가운 공기 냄새를 맡아 정신을 늘 새롭게 하려고 노력하지요.

하여튼 스파르타 인은 아테네 사람들보다 문화가 뒤떨어지고 구식이었지만 사치와 허영을 몰랐고 오직 전쟁을 위해 살며 이를 자랑스럽게 여겼단다. 이렇게 무자비할 정도로 강한 정신적, 육체적 단련을 통해서 스파르타는 그리스 최강의 군사 국가로 떠오르게 된 거지. 스파르타의 성벽은 약했지만 스파르타 사람들은 성벽처럼 견고했단다.

얘들아, 우리 스파르타의 할아버지 바람에게 인사를 드리자.

할아버지, 아니 바람 형, 바람 오빠! 고마워요!

이제 레오니다스 왕의

타이게토스 산과 무지개

동상으로 가 보자.

내가 레오니다스 왕의 동상을 만나러 갔을 때는 아침에 오던 겨울비가 그치고 햇살이 환하게 비치면서 타이게토스 산에서 하늘로 선명한 무지개가 떴단다! 마치 한국에서 온 나를 환영해 주는 것 같았어.

레오니다스 왕은 우리나라에도 소개된 영화 〈300〉의 주인공이지. 기원전 480년에 페르시아와의 전쟁에서 300명의 병사와 함께 전사한 용감한 왕이란다.

레오니다스 왕의 동상은 1963년에 세워진 것으로, 전쟁터에서 적군과 싸우던 그의 모습을 나타낸 것으로 보여. 투구와 갑옷이 너무 무거워 보여서 내가 입으면 그 자리에서 고꾸라질 것 같았어. 부릅뜬 눈에서는 어찌나 힘이 뿜어져 나오는지 마주 바라보면 사자 앞의 생쥐처럼 움찔해질 것 같더라고.

자, 우리 레오니다스 왕에게 인사를 드리자.

얘들아, 안녕! 먼 한국에서 이곳까지 온 것을 환영해. 나와 내 친구들이었던 스파르타의 군인들에 대한 영화 〈300〉이 한국에까지 널리 알려져서 아주 기뻐.

나는 기원전 487년에서 480년까지 스파르타

레오니다스 왕의 동상

의 왕이었단다. 크세르크세스 왕이 이끄는 페르시아군이 그리스에 침입했을 때 스파르타군 300명과 테스피스 인 700명을 이끌고 테르모필레 지역을 끝까지 지켜 내기 위해 싸웠지. 우리는 죽기 살기로 싸웠기 때문에 페르시아군에게 승리할 수도 있었어. 그런데 포키스 인이 페르시아에게 뒤에서 공격할 수 있는 길을 몰래 알려 주는 바람에 결국 모두 죽게 되었단다.

우리는 조금도 죽음을 두려워하지 않았어. 내 부하들은 장수답게 용맹한 죽음을 맞이했지. 어느 누구도 죽음 앞에서 벌벌 떨지 않았단다. 훗날 우리 모두는 그리스의 국민적 영웅으로 떠오르게 되었지.

다비드라는 화가가 〈테르모필레의 레오니다스〉라는 그림에서 나와 내 부하들의 모습을 멋지게 그려 주어서 정말 고마웠단다. 스파르타의 바

스파르타와 페르시아의 전쟁

람 덕분에 그 그림에 대해서 알게 되었어. 너희들도 기회가 되면 그 그림 속에서 나를 만나 보렴. 지금의 내 모습과 그림 속의 내 모습 중 어느 것이 더 스파르타의 왕다운지 비교해 보는 것도 좋을 거야.

우리 레오니다스 왕에게 고맙다는 뜻으로 가슴을 주먹으로 쾅쾅 두 번 치며 인사하자!

레오니다스 왕님! 고마워요! 후! 하!

이제 고대 스파르타의 유적이 남아 있는 곳으로 가 보자.

스파르타에 있는 고대 극장 터

레오니다스 왕 동상의 뒤편에 있는 스타디움을 지나 오솔길이 끝나는 곳에 유적지가 있지. 유적지 입구 부근은 곳곳에 돌무더기가 있을 뿐 아무것도 없어. 그 아래쪽으로 가면 고대 극장 터를 비롯한 유적이 약간 남아 있지. 이 유적들은 대부분 고대 그리스 시대와 고대 로마 시대의 것이란다.

스파르타의 오래된 올리브 나무

　유적지로 가는 길에는 자그마한 학교가 있었어. 지금은 고대 스파르타의 교육을 하지 않기 때문인지 아이들은 아주 자유로워 보였단다. 운동장에는 놀이 기구가 몇 개 놓여 있었는데 고대 스파르타 아이들이 봤다면 개들의 장난감이라고 콧방귀를 뀌었을지도 모르겠어.
　10분쯤 산책하는 걸음으로 걸으면 돌길이 나타난단다. 고대부터 깔려 있었던 돌이지. 그곳을 밟고 가면 넓은 올리브 밭이 나와. 천 년도 넘게 살았을 것 같은 올리브 나무들이 검은색 열매를 달고 고대 스파르타의 유적지에 서 있단다. 어떤 올리브 나무 기둥에는 이끼가 끼어 있어서 마치 "내 나이는 천 살도 넘었어요."라고 말하는 것 같아.
　유적지에는 군데군데 허물어진 돌무더기가 있고 우물 터로 보이는 곳도 있고 극장 터도 있는데, 많은 흔적이 남아 있지 않아서 안타까워.

가까이 보이는 타이게토스 산만이 고대 스파르타 인의 용기를 알게 해 주지. 사람은 늘 마주치는 것을 보고 그대로 배운단다. 눈을 뜨고 일어나면 용맹하고 위엄스럽게 서 있는 타이게토스 산을 대하니까 스파르타 인들의 마음에도 자연히 산처럼 높은 기상이 생기지 않았겠어?

어떤 사람들은 볼 것이 별로 없기 때문에 스파르타에 가면 약간 실망스러울 거라고 했지만 난 전혀 그렇지 않았단다. 도리어 고대 스파르타 사람들이 용맹했던 이유를 알게 된 것 같아. 타이게토스 산의 서늘한 이마와 하늘로 치솟은 기상에서 용감한 스파르타 인을 만나고 온 것 같은 느낌을 받았으니까.

자, 이제 타이게토스 산의 힘찬 기운을 받고 아테네로 향하자!

아테네

아테나 여신을 모시는 도시,

아테네는 고대 그리스에서

가장 중심이 되는 도시 국가였어.

지금도 아테네는 그리스의 수도이지.

민주 정치가 처음으로 시작된 곳이기도 하고,

철학, 예술, 문화가 활짝 꽃을 피워

서양 문명의 뿌리를 이룬 곳이란다.

01
문화와 자유의 도시, 아테네

02
아테네의 중심, 아크로폴리스

03
파르테논 신전에 대해 알려 줘!

04
철학을 알면 멋있어 보이나요?

01 문화와 자유의 도시, 아테네

고대 그리스의 도시 국가 중에서 스파르타와 쌍벽을 이뤘던 문화의 도시 아테네! '아테네' 하면 가장 먼저 뭐가 떠오르니? 내가 어렸을 땐 '아테네' 하면 올림픽이 떠올랐단다. 많은 친구들이 나처럼 올림픽을 떠올릴 거야. 어떤 친구는 신화와 아테나 여신, 또는 소크라테스 같은 철학자를 떠올리기도 할 거고. 철학자를 떠올리는 친구는 제법 똑똑한 친구인 것 같아.

아테네는 고대 그리스의 도시 국가 중 가장 발전한 곳이야. 페르시아 전쟁(기원전 490~479년) 후인 페리클레스(기원전 495~429년) 때에 황금기를 맞이하였고, 펠로폰네소스 전쟁(기원전 431~404년) 등 큰 전쟁이 있었지만 연극, 철학, 역사, 수사학 등 모든 학문 분야에서 두드러진 업적을 남기지.

이 시기는 위대한 역사가인 헤로도토스와 투키디데스, 3대 비극 작가인 소포클레스, 에우리피데스, 아이스킬로스, 그리고 소크라테스, 플라톤 같은 철학자의 시대이며, 동시에 페이디아스 같은 뛰어난 조각가가 활동한 시기이기도 하단다.

선생님, 잠깐만요. 그리스에 왔으니까 그리스 신화에 나오는 제가 친구들에게 아테네에 관한 이야기를 들려줄게요. 저도 아이들을 무척 좋아하거든요. 저 역시 아이니까요.

그래, 그래. 나도 사실은 조금 목이 아팠거든. 감기 기운도 있고. 큐피드가 설명을 해 주면 우리 친구들이 정말 좋아할 거야. 하지만 우리 친구들에게 화살을 쏘면 안 돼. 그 화살을 맞았다간 아직 어린 친구들이 누군가를 지독하게 좋아해서 쫓아다니거나 지독하게 싫어할 수 있으니까. 화살을 등 뒤의 화살통에 꽂아 놓는 것은 어떨까?

 네~에! 알았어요. 친구들, 안녕!

아테네는 민주 정치를 제일 먼저 시작한 국가라고 생각하면 맞아. 너희들, 민주 정치가 무엇인지 아니? 에헴! 조금 아는 척 좀 할게. 쉽게 말하면 민주 정치는 시민들이 나라의 대표를 뽑아 정치를 하는 것이지. 시민들이 직접 정치에 참여하는 것인데, 그 시대에는 노예나 여자는 정치에 참여할 수 없었어.

앞에서 선생님도 말씀하셨지만 아테네는 페리클레스라는 정치가가 다스릴 때 가장 전성기였어. 이때 민주 정치가 활발했고, 경제적으로도 부유했지. 또 아테네가 그리스 학문과 예술의 중심지가 된 때이니까 이

승리를 전하는 마라톤의 병사

때 서구 문명의 모든 기초가 다져졌다고 할 수 있어. 아크로폴리스의 파르테논 신전도 이 시기에 세워졌단다.

기원전 5세기는 다른 국가들과 전쟁을 치른 험한 시대이기도 했어. 기원전 490년에 페르시아 제국의 육군과 해군 함대가 아테네 북쪽에 있는 마을인 마라톤에 상륙했지. 그리스군은 단지 1만 1000명이었고 페르시아군은 약 1만 5000명 정도였어. 그런데 그 전투에서 아테네가 승리했단다. 페르시아군은 6400명이 죽었지만 아테네군은 오직 192명만 죽었대.

이 싸움을 '다윗과 골리앗'의 전쟁이라고 비유하기도 한단다. 거인 장군 골리앗이 이스라엘에 쳐들어와 협박을 하자 작은 소년 다윗이 물

매(몽둥이)만 들고 나가서 그를 물리친 성경의 이야기를 빗댄 거지.

 어쨌든 아테네가 이겼다는 승리의 소식을 알리기 위해서 한 병사가 마라톤에서 아테네까지 40여 킬로미터를 쉬지도 않고 달렸단다.

 큐피드야, 잠깐만! 마라톤 유적지에 관해서는 크노벌에게 부탁해 보자. 크노벌이 내 등에 붙어서 나와 함께 마라톤까지 갔다 왔거든. 스파르타에서 크노벌에게 말할 기회를 준다고 했는데 내가 깜박 잊었네.

 앵앵! 저, 많이 토라졌었는데……. 선생님, 고마워요! 이제 화가 풀렸어요. 친구들, 오랜만에 안녕!

 아테네 중심의 옴모니아 역 앞에서 버스를 타고 마라톤까지 가는 데는 약 1시간 30분이 걸렸어. 정거장이 있을 때마다 손님을 내려 주고 태우느라 시간이 꽤 걸렸단다. 마라톤에서는 에게 해의 투명한 파란색 바닷물이 평화롭게 노래를 부르고 있었어. 그때의 병사들이 외쳤던 소리, 칼과 칼이 부딪쳐 나는 쨍그랑 소리, 화살이 슝슝 날아가는 소리들이 파도 속에 묻혀 있는 것 같았어. 지금 그곳에는 마라톤을 기념하는 기념비가 오롯이 서 있고 그 앞에는 둥치가 꽤 굵은 나무가 서 있지. 그곳에도 역시 주인 없는 개 세 마리가 그늘에서 늘어지게 낮잠을 자고 있더라고. 그리스 어디엘 가도 한가롭게 어슬렁거리는 개를 만날 수 있단다.

 그런데 버스 안에서 한 할아버지를 만났어. 그 할아버지는 선생님에게 어디서 왔냐고 물었지. 선생님이 한국에서 왔다고 하니까 할아버지가 아주 반가워하시더라고. 할아버지는 한국 전쟁에 참선했었다고 하면

마라톤 기념비

서 마치 조카딸이나 며느리를 대하는 것처럼 선생님을 살갑게 대하셨어. 선생님은 할아버지와 이야기를 나누느라 나에 대해서는 까마득히 잊고 있는 것 같았어. 물론 내가 가방 속에 꼼짝 않고 있기로 약속했지만, 전에는 가끔 가방 속에 눈길을 주면서 나와 눈인사를 했는데 이번엔 전혀 아니었어. 그래서 화가 나서 왱 날아가 할아버지 코를 콱 물어 줄까 생각하고 있었는데 할아버지 말씀 때문에 내 마음이 싹 바뀌었지. 할아버지께서 선생님에게 이렇게 말씀하셨거든.

"지금의 한국은 아주 발전한 나라가 되었다면서요? 내가 젊은 시절에 목숨을 걸고 지키려고 했던 나라가 부강한 나라가 되어서 기뻐요. 한국 사람은 벌처럼 부지런해서 오늘의 발전된 나라가 되었지요."

아, 나처럼 부지런하다는 말에 난 그만 감동을 먹고 말았지. 그래서 가방 속에 얌전히 있기로 했어. 선생님, 여기까지만 설명할게요.

🧑 그래, 내가 너라도 기분이 날아갈 것 같았을 거야. 축하해! 자,

98

다시 큐피드 네가 설명해 주렴.

마라톤 기념비 안내판

고마워요, 선생님. 이야기를 계속 할게.

마라톤에서 아테네까지 40킬로미터를 달려온 청년은 "이겼다!"라는 말을 남기고 그 자리에서 힘이 다해 쓰러진 후 숨을 거두었지. 그래서 그 청년을 기념하기 위해서 마라톤 경기가 시작되었단다.

기원전 479년 페르시아 전쟁에서 페르시아의 육군과 해군을 완전히 물리친 아테네는 그리스에서 가장 강한 도시 국가로 떠올랐단다. 전쟁에서 이긴 아테네는 언젠가 전쟁은 또 일어날 것이고, 그때는 혼자 힘으로 페르시아를 막기가 힘들 거라는 생각을 하게 되었어. 그래서 수십 개의 그리스 도시 국가들과 동맹을 맺는데, 그것이 바로 델로스 섬에서 체결된 '델로스 동맹'이란다.

하지만 막강했던 아테네도 기원전 431년에서 404년 사이에 스파르타와 싸운 '펠로폰네소스 전쟁'에서 지고 말았지. 이후에 아테네와 스파르타, 다른 폴리스들 사이에는 전쟁과 분열이 계속되었고, 결국 마케도니아에 점령당하면서 아테네의 역사는 끝이 난단다. 마케도니아의 알렉산더 대왕 이후 로마가 지배하는 때까지를 헬레니즘 시대라고 해.

자, 우리 모두 아테네 역사를 조금 맛보게 해 준 큐피드에게 박수를 보내자. 그리고 크노벌에게도!

펠로폰네소스 전쟁

와~와! 큐피드야, 우리에게 황금 화살을 쏘아 주렴!

자, 친구들! 다음에 만나자. 나의 황금 화살은 꼭 필요할 때 써야 하거든. 함부로 낭비하면 안 돼! 안녕!

내가 황금 화살 대신 벌침을 쏘아 줄까?

으~ 그건 싫어. 무, 서, 워!

자, 이제 아테네를 가장 번창하게 만든 페리클레스가 세운 아크로폴리스로 가자. 아크로폴리스에는 바람이 많이 부니까 눈에 모래가 들어가지 않게 선글라스나 모자를 쓰도록 해. 옷깃을 바짝 여미는 것도 잊지 말고. 물론 겨울이라면 언제 올지 모를 비에 대비해서 우산을 준비해야 하지. 하지만 비가 그치면 아크로폴리스에 펼쳐진 겨울 하늘은 그야말로 퐁당 뛰어들고 싶을 만큼 푸른색이 된단다. 그곳에서도 역시 큰 개들을 만날 수 있을 거야.

02 아테네의 중심, 아크로폴리스

🧑 아크로폴리스를 둘러보기 전에 우선 페리클레스에 대해서 설명해 줄게. 페리클레스는 그리스의 황금기를 만든 사람이야. 그래서 기원전 5세기 중반, 그리스의 전성기를 '페리클레스 시대'라고도 부른단다. 이 시기에 아테네를 중심으로 정치, 문화, 예술이 활짝 꽃을 피웠고, 이 모든 것은 로마로 이어져 서양의 뿌리를 이루게 되지. 그래서 페리클레스는 그리스 사람들이 무척 존경하는 사람이란다.

🐕 멍멍! 선생님, 안녕하세요? 말을 들어 보니까 한국에서 온 것이 분명하지요? 이곳에서 지내다 보면 세계 여러 나라의 말을 들을 수 있어요. 이곳을 찾아온 한국 사람들도 많아서 한국말을 기억하고 있지요. 한국에서 온 어떤 아이는 아크로폴리스에 있는 파르테논 신전보다 저를 구경하는 것이 더 좋은지 아무리 엄마, 아빠가 불러도 제 모습을 지켜

보더라고요. 그 아이가 제 머리를 쓰다듬어 주었는데 아이 엄마가 큰 소리로 말했어요.

"떠돌이 개를 쓰다듬으면 어떡해! 혹시 물리거나……."

엄마 말이 끝나기도 전에 아이가 엄마에게 얼른 말했어요.

"엄마, 이 개 눈 좀 보세요. 절대 물지 않게 생겼잖아요."

그 아이가 내 마음을 볼 줄 알아서 코끝이 찡했어요. 그래서 그 보답으로 한국 친구들이 오면 이곳에 대해서 설명해 주고 싶었어요. 아, 저를 '긴 꼬리 개'라고 불러 주세요. 그 한국 친구가 나를 '긴 꼬리 개'라고 불렀거든요. 다른 개에 비해 제 꼬리가 조금 긴 편이에요.

 애들아, 우리 긴 꼬리 개에게 아크로폴리스에 대해 설명을 듣자.

아테네 아크로폴리스

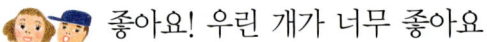 좋아요! 우린 개가 너무 좋아요.

삘레 문

 고마워! 나를 좋아해 줘서. 자, 이제 나를 따라오렴. 내가 아크로폴리스에 있는 세 신전에 대해서 설명해 줄게.

아크로폴리스는 '높은 곳에 있는 도시'라는 뜻이야. 아크로폴리스는 동서로 약 300미터, 남북으로 약 150미터 규모의 언덕에 세워진 도시로, 1987년에 유네스코 지정 세계 문화유산으로 등록되었단다.

아크로폴리스에는 모두 3개의 신전이 있어. 파르테논 신전, 카리아티드로 불리는 아름다운 소녀 기둥이 있는 에레크테이온 신전, 아테나 니케 신전이지.

이 신전들은 아테네 어디에서도 보이도록 세워져 있단다. 눈 뜨면 볼 수 있는 엄마 같은 존재지. 신전에 들어가려면 우선 삘레 문을 통과해야 해. 삘레 문은 아크로폴리스로 들어가는 첫 번째 문이야. 이 문을 처음 발견하고 복원한 프랑스 고고학자 에른스트 삘레 선생님의 이름을 따서 삘레 문이라고 지었단다. 삘레 문은 크지 않지만 단정하고 야무지게 보여.

이 신전들 밑에는 디오니소

헤로데스 아티쿠스 극장

스 원형 극장과 헤로데스 아티쿠스 극장이 있어. 로마 사람이었지만 그리스 인으로 귀화한 헤로데스 아티쿠스가 기원전 161년에 자신의 부인을 기리기 위해 세운 극장이야. 지금도 이 극장에서는 음악회와 연극 공연이 열리고 있단다.

🧑 헤로데스 아티쿠스의 이름을 잘 기억해 두자. 우리가 갈 곳 중에 고대 올림픽이 열렸던 올림피아라는 곳이 있는데 그곳에 가면 헤로데스 아티쿠스가 세운 분수 터가 있거든. 헤로데스 아티쿠스가 분수를 세울 수 있도록 경제적으로 뒷받침을 한 것이지. 이름이 어려워서 기억하기 힘들다고? 이름에 '스' 자가 2개나 들어가 있다고 생각하면 훨씬 기억

아레오바고 언덕

하기 쉬울 거야.

🐻 다시 이야기를 계속할게. 신전에 오르기 전에 야트막한 바위산을 봤을 거야. 그곳은 아레오바고 언덕이라고 부르는데, 성경에 나오는 사도 바울이 아테네 사람들을 향해 예수님을 믿으라고 설교를 했던 곳이란다. 사도 바울은 그 시대 학자로서 로마 시민권을 가졌지만 예수님을 알게 된 뒤부터 자신이 누릴 수 있는 모든 권리를 버리고 많은 사람들에게 예수님을 알렸단다.

고대에는 이곳을 법정으로 사용했는데, 최초로 재판을 받은 사람이 전쟁의 신인 아레스였대. 그래서 그의 이름을 따서 '아레스의 언덕', 즉 아레오바고라는 이름이 붙었다고 해.

아레오바고 언덕은 야트막하지만 올라가는 길은 조심해야 해. 특히 비가 많이 오는 겨울에는 대리석 돌에서 미끄러지기 쉽지. 사람들이 너무 복닥거리는 여름날 아침에는 사람들을 피해 고즈넉한 이 바위산으로 올라오면 마음이 아주 평화로워져. 이곳에서 보면 그리스의 광장 아고라와 아탈로스의 스토아, 그리고 헤파이스토스의 신전(헤파이스테이온)이 보이지.

자, 이제 프로필라이온으로 가자. 프로필라이온은 아크로폴리스의 웅장한 정문으로 기원전 437년에 세워졌단다. 이오니아식과 도리스식의

프로필라이온

기둥으로 되어 있지.

🧑 그리스의 기둥 건축 양식인 도리스식, 이오니아식, 코린트식에 대해서는 내가 설명해 줄게.

🐶 좋아요. 그 설명은 제가 하는 것보다 선생님이 하시는 것이 좋겠어요. 조금 어려우니까요.

🧑 도리스식 기둥은 장식이 별로 없는 묵직한 모습이란다. 마치 무뚝뚝하지만 책임감이 강한 사람을 대하는 느낌이 드는 기둥이야. 바닥

도리스식   이오니아식   코린트식

에서 기둥머리까지 직선으로 뻗어 있으며 단조롭지만 웅장하지. 기둥 윗부분은 정사각형 모양으로 되어 있어. 도리스식은 남성 신체를 기준으로 만든 것으로 강인한 힘과 육중한 아름다움을 느끼게 한단다.

이오니아식은 도리스식보다 우아하고 장식이 있는 모양이란다. 양의 뿔처럼 동그랗게 말린 소용돌이무늬를 조각한 기둥머리가 있지. 달팽이의 집처럼 무늬가 말려 있는 모습이 왠지 얌전하게 모양을 낸 조용한 여자를 보는 느낌이 들지 않니?

코린트식은 아주 화려한 형식이야. 기둥의 위에는 두껍고 입체적인 모양의 잎사귀인 아칸서스 잎이 장식되어 있어. 주로 로마의 건축물에서 많이 사용되었단다. 코린트식은 마치 화장을 화려하게 하고 멋진 옷을 차려입은 멋쟁이 아가씨를 보는 느낌이라고 할 수 있지.

자, 이제 긴 꼬리 개에게 신전에 대해서 듣도록 하자.

그럼 니케 신전을 향해 고개를 돌려 보자. 니케 신전은 정문을 지나 올라오면 오른쪽에 있지. 기원전 427년에 페르시아와의 전쟁에서 승리한 것을 기념하려고 지었단다. 로마 신화의 빅토리아에 해당하는 그리스 여신 니케에게 바친 신전이야.

　니케 여신은 한쪽 날개가 잘라졌는데, 아테네 사람들이 승리가 영원히 아테네에 함께 있기를 바라는 마음으로 잘랐다고 해. 날개를 잘라야 니케 신이 다른 곳으로 날아갈 수 없다고 생각한 것이지.

　니케 여신에 대해서는 내가 덧붙여 설명해 줄게. 스포츠 용품의 상표인 나이키, 미국의 나이키 미사일도 니케 신에서 이름을 땄단다. 니케 신이 승리의 여신이기 때문일 거야.

　니케 여신은 전쟁의 여신인 아테나 여신의 밑의 신으로 날개를 갖고 있단다. 니케 여신상 중에서는 사모트라키 섬에서 나온 조각상이 옷자락의 아름다움과 힘차게 나는 듯한 날개의 모습으로 유명해. 지금은 파리 루브르 박물관에 있는데, 루브르 박물관에서도 눈에 제일 잘 띄는 곳에 자리하고 있지.

　니케 신전이 있는 곳은 그리스 신화에서 아테네 왕 아이게우스가 자신의 아들 테세우스가 미노타우로스에게

올림피아 박물관에 있는 니케 여신상

잡아 먹힌 줄 알고 절망한 나머지 바다로 몸을 날려 스스로 목숨을 끊은 장소이기도 해. '에게 해'라는 바다의 이름은 아이게우스 왕의 이름에서 시작되었다고 했지?

아테네 사람들이 니케의 날개를 자른 것은 우리나라의 '선녀와 나무꾼' 이야기에서 나무꾼이 선녀의 날개옷을 감춘 이야기와 비슷한 부분이 있어. 이렇게 세계인의 신화나 옛이야기에는 인간 공통의 감정이 들어 있는 것 같아.

자, 에레크테이온 신전 이야기는 긴 꼬리 개에게 듣도록 하자.

이곳에 오래 살다 보니까 이 얘기 저 얘기를 하도 많이 들어서 내 머리에 실타래처럼 많은 이야기가 저장되어 있단다. 너희들에게 내

에레크테이온 신전의 카리아티드

가 알고 있는 모든 이야기를 전해 주고 싶어.

에레크테이온 신전은 신화 속에 등장하는 아테네 영웅 에레크테우스의 이름을 붙인 신전이야. 기원전 421년에서 406년 사이에 세워졌지.

에레크테이온 신전은 우아한 이오니아식 기둥을 갖고 있어. 그리고 서양 건축 기법의 독특한 기둥 모양 중 하나인 카리아티드 양식이 처음 사용된 건축물이란다. 이렇게 유식한 말을 쓰다 보니까 내가 교수님이 된 것 같네. 이 말을 외우기 위해서 애쓴 보람이 있어.

'카리아티드'란 여인을 조각해 지붕을 받치는 기둥으로 사용한 양식을 말해. 에레크테이온 신전의 카리아티드 기둥의 여인들은 참 조용해 보여. 그리스 조각에서 볼 수 있는 여인들의 모습은 대체로 힘차고 당당해 보이거든. 그런데 이 여인들은 지붕을 받치고 있어서인지 조용하고 다소곳해 보여.

기둥은 모두 6개인데 이곳에 있는 것들은 진짜가 아니라 모조품이고, 진짜는 아크로폴리스 박물관 안에 있단다. 아테네의 공해에 카리아티드 조각이 상할 것 같아서 따로 보관하는 거라고 해. 한 개는 런던의 대영 박물관에 있다지.

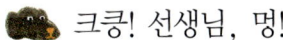 자, 이제 파르테논 신전으로 가 보자. 조금 부끄러운 이야기인데 나는 처음에 아크로폴리스엔 파르테논 신전만 있는 줄 알았단다. 하지만 책을 읽고 또 이곳에 와서 세 신전이 있는 것을 알게 되었지.

자, 파르테논 신전도 긴 꼬리 개에게 설명을 부탁해 보자.

크큥! 선생님, 멍!

🧑 아유, 깜짝이야! 갑자기 시커먼 것이 나타나서 놀랐네. 나에게 할 말이 있니?

🐶 선생님, 저도 아크로폴리스에 사는 개거든요. 그런데 제 친구 긴 꼬리 개만 아이들에게 인기를 끄는 걸 보니까 조금 질투가 생겨요. 저도 아이들에게 파르테논 신전에 대해서 설명할 기회를 주세요.

아크로폴리스의 검정개

  우리 개들은 자기 구역이 있는데요, 니케 신전과 에레크테이온 신전은 긴 꼬리 친구 구역이지만 파르테논 신전은 제 구역이에요. 다른 개가 자기 구역을 침범하면 우린 엄청 짖는다고요. 남의 구역엔 가지 않는 것이 예의이고요.

🧑 그렇구나! 그러면 파르테논 신전은 검정개가 설명해 주렴. 애들아, 우리 검정개의 설명을 들어 보자.

👦👧 네~! 검정개의 설명도 들어 보고 싶어요.

03 파르테논 신전에 대해 알려 줘!

🐶 컹컹! 고마워! 내가 알고 있는 모든 것을 알려 줄게. 파르테논 신전은 아테네의 수호신인 아테나를 기리는 신전이야. 아테네 시내 어느 곳에서나 볼 수 있도록 지어졌지. 파르테논 신전은 도리스식 기둥으로 되어 있는데, 기둥의 높이는 약 10미터에 이른단다. 기원전 447년에 짓기 시작하여 기원전 438년에 완성되었지.

🧑 맞아! 내가 머물던 숙소에서도 파르테논 신전을 볼 수 있었어. 밤에 보니까 빛에 둘러싸인 파르테논 신전이 너무 멋있었어! 그 옆에는 한국에서 보던 초승달이 여기서도 똑같은 갸름한 얼굴로 떠 있더라고. 또 한번은 멀리 올림피아를 방문하고 돌아오는데 아테네 시의 입구를 들어서자 파란빛과 보랏빛을 받아 신비로운 느낌이 드는 파르테논 신전이 나를 반겨 주더구나. 이상하게 먼 여행에서 집으로 돌아올 때의 편

파르테논 신전

안함이 몸에 퍼지는 기분이었단다.

🐻 파르테논은 '처녀의 방'이라는 뜻이야. 해발 156미터의 높은 바위 위에 세워져 있는 신전으로, 모두 46개의 기둥으로 둘러싸여 있단다. 파르테논 신전은 고대 그리스의 건축물 중 가장 위대한 건축물로 꼽히지. 자세가 아주 당당해 보이지 않니? 마치 46명의 건강하고 용맹한 장수가 서 있는 느낌이야. 파르테논 신전의 기둥은 직선처럼 보이지만 기둥 가운데는 부풀어 있고 윗부분은 가늘게 되어 있단다. 기둥 굵기가 같으면 윗부분이 넓어 보이는 착시 현상을 막기 위한 것이지. 또한

기둥은 수직으로 서 있는 것이 아니라 약간 안쪽으로 기울어져 있어. 이것도 착시 현상을 막아 안정적으로 보이기 위한 거야. 이 파르테논 신전 때문에 아크로폴리스가 유명해졌지.
파르테논 신전에는 그리스 최고의 조각가 페이디

파르테논 신전 윗부분

아스가 만든 아테나 여신상이 있었다고 해. 지금은 원래의 작품은 사라지고 국립 고고학 박물관에 모조품이 있단다.
나에게 설명할 수 있는 기회를 준 선생님, 그리고 한국 친구들, 모두 고마워!

세계의 많은 사람들이 아크로폴리스에 와서 많은 상상력을 얻고 간단다. 예술가들은 영감을 받고, 또 조상들의 혼을 느끼고 가지. 그래서 역사는 과거와 현재의 대화라고 하는 거야. 나 역시 이곳에 와서 고대 그리스의 영웅들을 만나 그들과 마음으로 이야기를 나누었어. 이곳 어딘가에 페리클레스가 디딘 발자국도 있을 것이고, 소크라테스가 디딘 발자국, 또 사도 바울이 기둥을 만졌던 손자국도 있을 거야.
자, 우리 검정개에게 고마움의 표시로 손을 흔들어 주자.

 고마워! 똑똑한 개야!

아탈로스의 스토아

자, 이제 이곳을 내려가서 바로 이어지는 아고라로 가 보자. 아고라는 고대 그리스 도시 국가의 광장으로, 아테네의 아고라는 기원전 6세기에 세워졌단다. 아고라는 장사를 하던 시장이자 정치에 대한 토론이 벌어지기도 한 곳이지. 또한 아테네에서 썼던 은화 역시 이곳에서 만들어졌단다. 소크라테스는 아고라에서 아테네 사람들과 많은 질문을 주고받았어. 소크라테스의 제자들도 이곳에서 활동했고, 소크라테스가 아테네의 청년들을 나쁜 길로 이끌 뿐만 아니라 아테네 시를 뒤엎는 음모를 갖고 있다고 고소를 당한 곳도 이곳이지.

아고라에서 제일 먼저 볼 수 있는 곳은 아탈로스의 스토아야. 페르가몬의 왕 아탈로스 2세가 기원전 2세기에 세운 건물로, 지금은 원형대로 복원되어 박물관으로 쓰이고 있단다. 길이 116미터, 폭이 19.5미터에 이르는 대단한 규모의 고대 건물이지. 내부 전시실에는 그리스 도자기 등 일상의 생활 도구들과 스파르타군의 방패 등 아고라에서 출토된 유물들이 전시되어 있단다.

혹시 도편 추방제(오스트라키스모스)라는 말을 들어 본 적이 있니? 고등학생일 때 이 이름을 외우느라 고생한 생각이 나. 도기를 깨서 그 조각에 추방할 사람의 이름을 적어 6000표 이상을 얻으면 다른 나라로 추방하는 제도를 말한단다. 이 제도는 클레이스테네스라는 아테네 정치가가 만들었어. 그때 사용했던 도자기 조각들이 아고라에서 많이 발견되었단다. 유명한 의사였던 히포크라테스를 추방하자는 도자기 조각도 발견되었지.

그 오랜 옛날에 이런 방법을 사용한 것을 보면 아테네에 나름대로 민

도편 추방제에 썼던 도기

117

헤파이스테이온

주주의가 발달되었다는 것을 알 수 있어. 너희가 반장 선거나 회장 선거를 할 때 종이에 자신이 원하는 친구 이름을 적는 것처럼 아테네 사람들은 깨진 도자기 조각에 이름을 적은 것이지. 그래서 아테네를 민주주의 국가라고 하는 거란다. 물론 이 제도에도 문제점은 있었어. 자신의 적을 추방하기 위해서 사람들을 선동하기도 했으니까.

아고라의 조금 높은 언덕엔 헤파이스테이온이 있단다. 불과 대장간의 신인 헤파이스토스에게 바친 신전이야. 아고라 유적 중 가장 완벽하게 보존된 곳이지. 이 신전은 파르테논 신전보다 오래되었고 대리석이 아니라 일반 돌로 지어졌단다. 헤파이스테이온은 기원전 5세기에 도리스식으로 세워졌어. 왠지 대장간의 신인 헤파이스토스에게는 도리스식이 어울릴 것 같지 않니? 만약 이오니아식이나 코린트식으로 지어졌다면 헤파이스토스에게는 어울리지 않았을 것 같아.

04 철학을 알면 멋있어 보이나요?

아테네에 왔으니 고대 그리스의 철학자들에 대해서 알아보는 것도 좋겠지. 철학의 아버지라고 불리는 소크라테스 할아버지부터 만나 보자.

얘들아, 안녕! 사람들은 나를 '철학의 아버지'라고 부른단다. 철학이 뭐냐고? 사람들은 철학이라는 낱말을 아주 어렵게 생각하지. 사전에는 철학이 '세계, 인생, 지식에 관한 근본 원리를 연구하는 학문.'이라고 나와 있어. 나도 사전에 나와 있는 이 말이 어렵다는 생각이 들어. 하지만 철학은 우리 생활과 가장 가까운 단어란다.

간단하게 말해서 철학이란 '나는 왜 살까? 왜 태어났을까? 어떻게 사는 것이 바르게 사는 것일까?' 이런 질문을 하면서 살아가는 것을 말해. 친구들과의 사이에서도 '저 친구는 왜 저 말에 화를 냈을까? 화를 낸 이유는 무엇일까?' 하고 골똘히 생각하는 것을 철학이라고 할 수 있지.

나는 아테네의 아고라에서 만난 사람들에게 자꾸 질문을 던졌어. 꼬리에 꼬리를 물고 질문을 해서 사람들로 하여금 자꾸 생각을 하게 만들었지. 그래서 사람들이 스스로 자기의 문제를 발견하고 반성하게 했어.

나의 어린 시절에 대해서 말해 줄게. 나는 기원전 469년 아테네에서 그리 멀리 않은 산기슭의 작은 마을에서 태어났단다. 우리 아버지는 신전의 돌 벽에 조각을 새기는 사람이었고, 우리 어머니는 산파였지. 산파란 아기를 잘 낳을 수 있도록 도와주는 사람을 말해.

소크라테스

나는 아버지를 따라 돌에 조각을 새기는 법을 배웠지만 실력이 별로 좋지 않았어. 게다가 재미도 못 느꼈고. 만약에 내가 조각에 실력이 있고 재미를 붙였다면 페이디아스처럼 훌륭한 조각가가 되었을지도 모르지. 물론 상상일 뿐이지만.

어렸을 때 나는 밥을 급하게 먹다 체한 적이 있었단다. 어머니가 욕심을 부리지 말라고 하셨는데도 말이야. 그때부터 욕심을 부리면 결과가 어떻게 된다는 것을 알게 되었지.

한번은 동네 친구들이 살아 있는 개로 멀리 던지기 놀이를 하고 있었어. 누가 개를 멀리 던질 수 있느냐는 시합을 하고 있었던 거야. 아이들은 낄낄 웃으며 그 놀이를 했지. 아이들은 나에게도 해 보라고 권했지만 나는 하지 않았어. 내 마음속에서 '다이몬의 소리'가 들렸기 때문이야. 다이몬의 소리란 신의 소리, 즉 옳고 그른 것을 알려 주는 소리야. 어떤 친구는 이 말을 잘못 듣고 다이아몬드의 소리라고 하던데, 다이아몬드처럼 귀하고 소중하다고 생각하면 틀린 말이 아닌 것 같네.

나는 쉰 살이 다 되어서 크산티페라는 여자와 결혼을 했지. 그런데 내 부인은 잔소리가 심했어. 큰 소리로 화를 벅벅 내다가 그것도 성에 차지 않으면 나에게 물바가지를 확 끼얹기도 했어.

그럴 때 난, 이렇게 말했어.

"천둥 뒤에는 소나기가 오기 마련이지."

하여튼 내 부인 덕분에 나는 더 많은 생각에 빠지게 되었어.

내가 일흔 살이 되었을 때, 몇몇 아테네 시민들이 나를 아테네의 청년들을 타락시키고 스파르타를 칭송한다는 이유로 체포했지. 나는 순순히 그들을 따랐고 아테네의 법에 따라 독약을 마시게 되었단다. 그때 내 친구 크리톤이 도망가자고 했지만 나는 "악법도 법이다."라고 말하며 도망가지 않았어. 평소에 아테네 청년들에게 아테네의 법을 따르라고 해 놓고 내가 법을 따르지 않는다면 잘못이잖아.

그리고 죽기 전에 이런 말도 했지.

"크리톤, 아스클레피오스에게 닭 한 마리 빚진 것이 있는데 대신 갚아 주게."

나는 죽음이 두렵지 않았기 때문에 마지막 순간에도 덤덤했어.

내가 죽는 순간을 그린 그림이 있다고 아테네의 바람이 말해 주더군. 다비드라는 화가가 그린 〈소크라테스의 죽음〉이라는 그림이래. 내가 멋지게 나왔는지 궁금하네. 사실 나는 키가 작은 땅딸보에다 머리는 벗겨

독약을 마시는 소크라테스

지고 콧구멍은 하늘로 열려 있는 들창코거든. 나는 아직 다비드가 나를 어떻게 그렸는지 못 봤어. 메트로폴리탄 미술관을 다녀온 바람 친구가 말하기를 내 모습보다 훨씬 멋지다고 하던데, 그 말이 맞니? 혹시 본 친구들이 있으면 그림 속 내 모습이 어떤지 말해 주렴.

🧑 우리 소크라테스 할아버지에게 고맙다는 표시로 배꼽 인사를 드리자. 그리고 소크라테스 할아버지가 갇혀 있던 감옥으로 가 보자.

👧🧢 아, 감옥은 왠지 무서운 느낌이 들어요. 그래도 소크라테스 할아버지가 갇혔던 감옥이라니 꼭 보고 싶어요. 소크라테스 할아버지, 정

말 고맙습니다! 이제부터 철학을 사랑할게요!

🌼 애들아, 안녕? 먼 한국에서 이곳까지 온 너희들이 아주 훌륭해 보이는구나.

👦 시커먼 바위 동굴 옆에 노란색 꽃이 있으니 아주 예뻐 보이네.

🌼 고마워요. 하지만 전 예쁘다는 말보다는 특별하다는 말을 듣고 싶어요. 소크라테스 할아버지가 갇혀 있던 감옥 옆에 피어 있는 꽃이니까요. 철학하는 꽃이라고 불러 주신다면 영광이에요.

소크라테스의 감옥

🧑 철학하는 꽃아, 네 호칭이 참 특별하구나.

🌼 감사합니다. 이 3개의 동굴은 소크라테스 할아버지가 갇혀 있던 곳이에요. 동굴 하나는 한 사람이 지내기에는 크지만 옆에 있는 동굴은 아주 작지요. 동굴 사이에는 작은 구멍이 있어서 드나들 수 있어요. 이곳에서 동굴을 바라보고 있으면 소크라테스 할아버지의 목소리가 들리는 것 같답니다.

🧑 얘들아, 이제 소크라테스 할아버지의 뒤를 이어 제자가 된 플라톤 할아버지를 만나러 가자.

플라톤

🧔 얘들아, 안녕! 나는 소크라테스 스승님의 제자 플라톤이란다. 만나서 반가워! 내가 혹시 웃지 않더라도 서운해하지 말렴. 난, 워낙 웃지 않아서 꼭 화가 난 사람처럼 보이거든. 나는 우스갯소리라고는 모르는 사람이야. 그래서 잘 웃지를 않았어.

내가 태어났을 때 소크라테스 스승님은 아고라에서 사람들을 가르치고 있었어. 우리 집은 아주 부자인데다 귀족이었어. 절대 뽐내는 것은 아니야. 내가 태어나자 우리 부모님들은 너무 기뻐서 아폴론 신에게 제사를 지냈단다. 왜냐하면 아폴론 신의 생일과 내 생일이 똑같았기 때문이지.

우리 집안은 포세이돈의 후손이라고 믿었어. 우리 아버지는 나를 보고 이렇게 말했지.

"우리 조상은 포세이돈 님이란다. 항상 조상님의 명예를 생각하며 살아라."

그리스 사람들은 자신들이 다 신의 후손이라고 생각했단다. 알렉산더가 자신을 아킬레스의 후손이라고 생각한 것처럼 말이야.

나의 어릴 적 꿈은 훌륭한 정치가가 되는 것이었어. 그래서 어렸을 때부터 열심히 시를 썼지. 정치가가 되려면 시를 잘 써야 하니까.

그런데 내가 스무 살 되는 해에 내 인생에 큰 변화가 생겼단다. 아고라에서 사람들과 토론을 하고 있는 소크라테스 스승님을 만나게 된 거야. 그분이 하는 말을 듣자 갑자기 소름이 끼치면서 내 몸이 얼어붙는 것 같았어. 사실 난 그때 아테네에서 열리는 시 대회에 참가하러 가는 길이었는데 스승님의 이야기를 듣는 순간 눈이 환하게 열리는 느낌이 들었어. 그래서 시 대회를 포기하고 스승님을 따르기로 했지.

그렇다고 스승님과 내 생각이 늘 같았던 것은 아니야. 난 스승님을 죽음으로 몰았던 아테네의 민주주의에 문제가 있다고 생각했어. 무식한 평민들이 아테네를 다스리는 것이 늘 못마땅했는데, 법정에서 다수결로 스승님을 죽여 버리는 걸 보고 민주주의에 대해서 불만을 갖게 되었어.

그런 내 생각을 안 사람들이 나를 향해 물었어.

"그러면 평민은 정치를 못 합니까?"

나는 이렇게 대답했어.

"정치는 귀족 중에서 똑똑한 사람이 하고 평민은 자신이 맡은 일을 열심히 하면 되지요."

이 일 때문에 나를 미워하는 사람들이 있다는 것을 알아.

나는 아테네를 떠나 오랫동안 이집트와 시칠리아를 여행했어. 여행하면서 스승님과 나눈 이야기를 책으로 썼고, 또 스승님이 법정에서 한 말씀들도 책으로 썼지. 내가 살았던 시대에 책을 쓰는 것이란 뾰족한 철필로 납판에 글씨를 쓰는 거였어. 나는 스승님에 관한 책을 여러 권 썼어. 《소크라테스의 변명》, 《파이돈》, 《국가론》 등이지.

나는 오랜 시간이 지나 아테네로 돌아와 제자들을 모아 가르쳤어. 시끄러운 곳을 피해 조용한 곳에서 가르쳤지. 그 학교의 이름을 '아카데미아' 라고 해.

자, 이제 나의 제자인 아리스토텔레스를 만나러 가 보렴. 내 제자가 좋은 이야기를 해 줄 거야. 그 제자는 항상 내게 넘치는 질문을 해서 내 머리를 어수선하게 했지만 그런 친구를 제자로 둔 것은 아주 자랑스러운 일이었단다.

🧒 우리 플라톤 할아버지에게 인사를 드리자. 아까처럼 배꼽 인사!

👦👧 플라톤 할아버지 고맙습니다! 아, 할아버지,

책 읽는 플라톤

지금 조금 웃으셨어요! 그리스 조각의 웃음처럼요!

🧒 정말! 플라톤 할아버지가 처음으로 웃은 일이 될지 모르겠다! 너희들 벌써 그리스 조각의 아르카이크 미소까지 알아볼 정도로 유식해졌네! 자, 이제 아리스토텔레스 할아버지를 만나러 가자.

👴 얘들아, 안녕!
내가 마케도니아의 왕이었던 알렉산더의 스승이었다는 것은 알고 있니? 세계의 반을 정복한 알렉산더가 전쟁에 나갈 때조차 호메로스의 시집을 들고 나간 것은 내 영향이었을 거야. 보물이나 향료보다 더 귀한 것이 머리에 지식을 채울 책이라는 것을 알려 주었으니까. 도둑이 들어오면 집 안의 보물은 훔쳐 가도 머릿속에 들어 있는 지식은 훔쳐 갈 수 없단다.

나는 에게 해의 북쪽에 있는 스타기로스에서 태어났지. 우리 아버지는 의사였는데 마케도니아 왕가와 제법 친하셨단다. 알렉산더의 아버지인 필리포스 2세의 주치의이기도 했지.

나는 열일곱 살에 아테네로 유학을 떠났단다. 아테네에서 철학과 문학, 예술을 배우기 위해서였지. 마치 너희들이 깊은 학문을 배우려고 더 큰 나라로 가는 것처럼 말이야.

아리스토텔레스

나는 그곳에서 플라톤 선생님을 만나 그분의 제자가 되었어. 하지만 선생님과 항상 의견이 맞는 것은 아니었지. 선생님은 자연도 그림자일 뿐이라고 했는데 나는 자연에 대한 관심이 컸거든. 그래서 인간이 어차피 그림자밖에 볼 수 없다면 그것이라도 잘 관찰해서 진짜 모습을 봐야겠다고 생각했지. 그래서 선생님과 헤어져 내 나름대로 자연에 대한 관찰을 시작했어.

나는 자연에는 목표가 있다고 생각했지. 자연의 목적은 완전하게 되는 것이라고 생각했어. 그래서 흙이나 돌 같은 광물보다 더 나은 것은 식물이고, 식물 위에 동물, 그 위에 인간, 그리고 인간 위에는 신이 있다고 생각했지. 그런데 내 생각이 맞지 않는다고 하는 사람이 많네. 식물에게는 목표가 없다고 하네! 거, 참!

《시학》이라는 책에서 나는 이렇게 말했지.

"글을 쓰는 것의 핵심은 모방에 있다. 슬픈 연극(비극)은 귀하고 거룩한 행위의 모방이며, 숭고한 인물이 불행에 빠지는 과정을 모방하여 연극을 보는 관객에게 불쌍한 마음과 공포의 감정을 일으켜 이를 통해 관객의 마음을 깨끗하게 씻어 내는 것이 목표이다."

조금 어려운 말이지? 이렇게 생각해 봐. 너희 중에 슬픈 이야기를 읽고 눈물을 흘린 적이 있는 친구가 있을 거야.

아리스토텔레스

내가 슬픈 일을 경험하지 않았더라도 마치 내가 경험한 것처럼 생각되어 눈물을 쏟아 내는 거지. 그런데 울고 나면 이상하게 마음이 시원해지는 느낌이 들 거야. 이런 일을 '카타르시스'라고 한단다. 쉽게 말해 세척 작용이라고 해. 비극의 역할은 바로 카타르시스를 잘 느끼게 해 주는 것이라고 하면 맞을 거야.

내 뒤를 이어 철학은 계속 발전하고 발전했어. 이제 너희들 중에 누군가 새로운 철학을 연구해서 만들어 냈으면 좋겠구나. 인간은 생각하는 동물이니까 먹고살기 위한 생각만 하는 게 아니라 어떻게 하면 더 나은 인간이 될까 하는 생각을 하게 된단다. 지금 너희가 사는 시대에서는 환경을 오염시키지 않고 자연과 더불어 살면서 어떻게 하면 이웃과 나누며 살까를 연구해야 할 거야. 너희의 눈빛을 보니까 벌써 멋진 철학자의 모습이 그려지는구나.

🧑 우리 아리스토텔레스 할아버지께 인사를 드리자.

👦👧 고마워요! 아리스토텔레스 할아버지!

🧑 멋있는 철학자 세 분을 만났더니 왠지 우리가 아주 고상해진 느낌이야. 이 느낌을 그대로 갖고 아테네에 이웃한 코린트로 가 보자.

코린트

'코린토스'라고도 하는 코린트는
현대 코린트와 고대 유적지 코린트로 나누어져 있어.
고대 코린트가 지진으로 무너진 이후
현대 코린트를 세웠다고 하지.
고대 코린트는 옛날부터 교통의 중심지였기 때문에
상업 도시로 발전했다고 해.
코린트는 바위를 밀어 올리는 벌을 받은 것으로
잘 알려진 시시포스 왕이 세웠단다.

01
시시포스, 아직도 돌을 굴리고 있나요?

01 시시포스, 아직도 돌을 굴리고 있나요?

코린트는 현대적인 도시 코린트와 고대 유적지 코린트, 이렇게 둘로 나누어져 있단다. 현대 코린트는 바다와 접해 있고, 신약 성경 '고린도서' 편에 등장하는 고대 코린트는 현대 코린트를 벗어나 차로 약 10분 정도 가면 큰 산 밑에 자리 잡고 있지.

고대 코린트를 향해 차를 타고 가다 보면 산꼭대기에 담장이 쳐진 것을 볼 수 있어. 그것은 적의 침입을 막기 위해 세워 놓은 성벽이지. 나무가 없는 바위산의 모습이 아주 웅장하고 튼실해 보인단다.

선생님, 코린트에 대해서는 제가 설명해 줄게요. 전, 그리스가 생길 때부터 살았던 구름이에요. 제 일부는 눈이 되기도 했고 비가 되기도 했는데, 다시 수증기가 되어서 제 몸이 되었어요. 옛날 코린트의 역사를 알고 있는 제가 아이들에게 코린트를 설명해 주고 싶어요.

코린트의 산과 아폴론 신전

🧑 알았어요. 저도 어릴 적에 구름을 아주 좋아했어요. 구름을 보면서 하늘을 떠다니면 좋겠다고 생각했지요. 코린트의 구름과 만나게 되어 반가워요.

☁️ 얘들아, 안녕! 내가 코린트에 대해서 설명해 줄게.

👦👧 와! 구름 할아버지, 할아버지 몸 위에 타고 싶어요.

☁️ 나도 태워 주고 싶지만 너희가 타면 그냥 빠져나갈걸. 대신 재미있는 이야기를 해 줄게. 코린트를 세운 사람은 시시포스 왕이란다. 산 정상까지 무거운 돌을 끊임없이 밀어 올리고 그 돌이 내려오면 다시 밀어 올리는 벌을 받았던 신화의 주인공이지.

코린트는 기원전 2세기 중반에 로마에 점령당한 이후 로마 시대의 중요한 교역 도시가 되었단다. 서기 52년 신약 성경에 나오는 바울은 기독교를 전도하는 여행을 하면서 사치와 향락에 젖은 코린트 사람들을 꾸짖었어. 코린트에 있는 신전의 여사제들은 춤추는 여자이자 음악을 켜는 사람인 동시에 창녀였기 때문이었어. 이런 여사제들이 무려 1000명이나 되었다고 하니까 타락한 도시라고 할 수 있었지.

또 유명한 그리스의 거지 철학자 디오게네스가 살았던 도시이기도 해. 알렉산더 대왕과 디오게네스에 관한 유명한 일화가 있단다. 하루는 알렉산더 대왕이 디오게네스를 찾아와서 물었어.

"그대의 소원을 무엇이든지 들어주겠소. 소원을 말하시오."

알렉산더 대왕과 디오게네스

알렉산더 대왕의 말에 디오게네스는 한마디로 대답했단다.

"미안하지만 햇볕 좀 가리지 말아 주십시오."

이 말을 듣고 알렉산더 대왕은 이렇게 한탄을 하며 돌아섰어.

"내가 알렉산더 대왕이 아니라면 디오게네스가 되었을 텐데……."

디오게네스는 견유학파 철학자였어. 견유학파는

'시니시즘'이라고도 하는데, 소크라테스의 영향을 받아 쾌락을 멀리하고 검소한 생활을 추구했지. '견유'는 개같이 생활하는 것에서 시작된 말이래. 가진 것이라곤 해진 옷과 지팡이밖에 없던 디오게네스는 아무 것도 필요로 하지 않는 것이 신의 특징이며, 필요한 것이 적을수록 신에 가까운 자유로운 인간이 된다고 주장하며 살았대.

아, 너희들 코린트 양식에 대해서 선생님에게 들었지? 코린트는 칼리마코스라는 조각가 겸 건축가가 코린트 양식을 처음으로 만들어서 사용한 곳이기도 하지. 아까 잠깐 말했던 시시포스 왕에 대해서 조금 더 말해 줄게.

선생님! 선생님! 저를 잊고 있었지요?

아, 미안!

선생님, 시시포스 왕에 대해선 제가 말해 주고 싶어요. 가만히 있으려니까 심심해요.

좋아! 우리 크노벌이 들려주는 신화 이야기를 들어 보자.

코린트를 세운 시시포스 왕은 그리스 신화에 등장하는 인간들 가운데 가장 교활한 사람이었대. 죽음의 신인 하데스를 속여 죽음까지 미룰 정도로 말이야. 죽은 뒤에 하데스에게 끌려간 시시포스는 신들을 속인 죄로 자기 몸처럼 큰 바위를 산꼭대기로 밀어 올리는 벌을 받았어.

바위는 꼭대기에 다다르면 다시 아래로 굴러떨어졌고, 그러면 시시포스는 산 아래로 내려와 다시 그 바위를 정상까지 밀어 올려야만 했단다. 그 벌은 이렇게 영원히 되풀이되었지.

🧑 자, 우리 모두 코린트의 구름 할아버지와 크노벌에게 고맙다는 인사를 하자. 그리고 이곳의 유적지를 돌아보자.

코린트로 들어서면 제일 먼저 눈에 들어오는 것이 아폴론 신전이란다. 지금은 7개의 이오니아식 기둥만 하늘을 이고 서 있지만 원래 모습을 상상해 보면 아주 멋지고 웅장한 신전이었다는 걸 알 수 있어. 코린

바위를 밀어 올리는 시시포스 왕

코린트 아폴론 신전

트로 들어서면 산과 아폴론 신전이 아주 잘 어울린다는 생각이 들 거야. 마치 웅장한 산을 이고 있는 듯이 보이기도 하니까.

  코린트의 산은 멀리서도 보인단다. 멀리 올림피아를 갔다 아테네로 돌아오는 길에도 코린트의 산은 점잖은 모습으로 반겨 주고, 또 미케네를 다녀오는 길에도 여전히 입이 무거운 사람처럼 묵직한 모습으로 우리를 반겨 주었지.

  이제 델포이로 가 보자. 델포이는 그리스 사람들이 신의 말씀인 신탁을 들으러 가던 곳이야. 그리스를 이해하려면 꼭 방문해야 한단다.

 코린트 구름 할아버지 고마워요! 크노벌도!

델포이

파르나소스 산 중턱에 있는

고대 도시 델포이는 고대 그리스 사람들이

세상의 중심이라고 생각한 곳이야.

무엇보다 델포이는 아폴론 신의

신탁이 내려지는 도시로 유명했지.

고대 그리스 사람들은 궁금한 것이 있으면

델포이 아폴론 신전을 찾아왔다고 해.

델포이는 그리스의 어떤 도시보다

신성한 도시였단다.

01
신의 뜻을 알고 싶어요, 델포이

이 신의 뜻을 알고 싶어요, 델포이

델포이는 아테네에서 차로 약 3시간 정도 걸리는 곳에 있단다. 아테네를 빠져나와서 2시간 정도 북쪽으로 달리면 델포이가 자리한 파르나소스 산의 모습이 보이지. 파르나소스 산으로 가는 길에는 사이프러스 나무가 길 옆으로 솟아 있어서 후기 인상파 화가인 반 고흐가 생각났단다. 반 고흐는 사이프러스 나무를 그릴 때 하루 종일 사이프러스 나무만 생각했다고 해. 하늘로 솟아 있는 사이프러스 나무는 하늘을 향해 자신의 소원을 비는 모습이었어.

파르나소스 산의 가파른 길을 달리다 보면 어느새 벼랑이 보이는 높은 곳에 도착하게 되지. 파르나소스 산은 나무보다 돌이 많은 산이야. 마치 근육이 울퉁불퉁 솟아 있는 듯한 모습이지. 보통 우리나라 산은 나무로 뒤덮인 초록색의 편안하고 아름다운 산이지만 그리스의 산들은 바위로 되어 있어 울퉁불퉁하고, 그 사이에 갈색 덤불이 고개를 내민 정도이지. 하지만 겨울에는 높은 산에 하얀 눈이 크리스마스트리를 장식한 것처럼 쌓인단다. 그래서 겨울에 이곳으로 스키를 타러 오는 사람들이 많다고 해.

 옛날에 신탁을 들으러 파르나소스 산에 들어선 사람들은 산이 주는 강한 인상 때문에 마음이 겸손해져서 델포이에 도착했을 것 같아. 나 역시 그런 느낌을 받았거든.

 조금 더 들어가면 까마득한 벼랑이 보이고 큰 산의 품 안에 있는 델포이 아폴론 신전이 보이지. 아폴론 신전을 감싸고 있는 산은 옷깃을 추스르고 마음을 다소곳이 할 만큼 위엄이 있단다.

 그 당시 그리스 사람들은 이곳을 세상의 중심이라고 생각했대. 어느 날 세상의 중심이 어디인지 알고 싶었던 제우스는 자신의 상징인 독수

델포이 아폴론 신전

델포이에서 만난 독수리들

리 두 마리를 각각 반대 방향으로 날려 보냈대. 그런데 두 마리의 독수리가 델포이에서 만났다는구나. 그래서 델포이를 세상의 중심이라고 생각하게 되었다는 신화가 있단다.

고대 그리스의 도시 국가 델포이는 매우 부유했단다. 아폴론 신에게 신탁을 들으려고 많은 사람들이 찾아왔기 때문이지. 신탁이란 신이 사제를 통해 뜻을 나타내거나 인간의 물음에 대답하는 걸 말해. 신탁을 들으러 오는 사람들은 빈손으로 오지 않고 보물을 가져와 바쳤기 때문에 델포이에는 그 보물들을 보관했던 보물 창고가 있었지. 또 델포이에는 신탁이 이루어졌던 아폴론 신전, 원형 극장과 체력 단련을 위한 운동장, 그리고 학문과 체육을 함께 가르치던 김나지움이 있단다.

선생님, 델포이 유적지 설명은 제가 친구들에게 해 줄게요.

그래그래. 여기 오는 동안 크노벌에 대해서 생각을 못했구나. 그 동안 내 가방 속에서 잠이 들었니?

 아니요! 밖에 나가 꽃들과 놀다 왔어요. 꿀과 꽃가루를 실컷 먹었더니 기운이 나요. 그래도 땡볕은 싫어요. 이곳의 햇빛은 아테네보다 더 강한 것 같아요.

에, 친구들. 내가 델포이 유적지에 대해서 설명해 줄게. 조금 아까 내 친구들인 꽃들에게 이곳에 대해서 들었어.

유적지 입구에서 아폴론 신전으로 오르는 길은 아폴론 신에게 참배하러 오르는 길이라 하여 '참배의 길'이라고 이름 붙여져 있어. 길 양옆에는 각 도시 국가로부터 받은 귀한 물건을 보관하던 건물들이 이어져 있지.

델포이 참배의 길

아테네의 보물 창고

참배의 길 입구에는 아테네의 보물 창고가 있단다. 도리스 양식으로 지어진 작은 건물이지. 아테네의 보물 창고는 1903년에서 1906년에 프랑스의 고고학자들이 거의 원형 그대로 복원했어. 이 보물 창고에서는 페르시아 군대의 방패가 발견되었대. 그래서 아테네가 페르시아와 싸운 마라톤 전쟁 후에 승리에 대한 보답으로 바친 보물 창고가 아닌가 하고 추측한다고 해.

참배의 길을 따라 오르면 언덕 위에 아폴론 신전이 위치해 있어. 아폴론 신전은 기원전 4세기에 도리스 양식으로 지어진 건물이야. 델포이 신탁이 이루어졌던 곳이지. 아폴론 신전은 현재 기둥 6개만 남아 있지만, 여전히 2000년 전의 힘 있는 모습이 느껴지는 것 같단다.

아폴론 신전 밑에는 세상의 중심이 델포이라는 것을 알려 주는 유물인 옴팔로스가 있었단다. 지금은 옴팔로스가 있었던 위치를 나타내는 돌덩이만 남아 있고 옴팔로스 원래 돌은 델포이 박물관에 있어.

아폴론 신전에서는 피티아라는 여자 사제가 신의 계시를 전해 주었어. 피티아는 처녀 중에서 선발되었는데 평생 정결한 삶을 살아야만 했고 쉰 살이 넘을 때부터 신탁을 전하는 임무를 맡았지. 신탁을 하는 날이 되면 피티아는 예언 능력을 준다는 물을 마신 뒤 아폴론을 상징하는 나무인 월계수 가지와 귀리 가루를 태워 연기가 자욱해진 성소에 들어

갔단다. 피티아는 솥같이 생긴 자리에 앉아 신탁을 전했는데 일반인들을 직접 마주 보고 말을 하는 것이 아니라 남자 사제에게 말을 하고, 남자 사제는 이 말과 표정 등을 해석해서 사람들에게 전달했지.

옛날이나 지금이나 사람들은 자신의 미래에 대해 많이 궁금해하는 것 같아. 앞날이 어떻게 될지 궁금해서 신전을 찾는 것을 보면 말이야. 특히 과학이 발달하지 않았던 고대의 사람들은 벼락이나 천둥을 신이 화가 나서 내리는 일이라고 생각했어. 그래서 신을 두렵게 생각했고 신의 소리에 귀를 기울인 것 같아.

델포이 박물관의 옴팔로스

아폴론 신전 밑 옴팔로스 자리

145

🧑 자, 여기까지 이야기를 해 준 크노벌에게 노란 꽃을 선물해 주자.

🐝 꽃은 언제라도 좋아요!

🐱 야옹! 선생님, 안녕하세요?

🧑 아이, 깜짝이야! 아, 델포이 고양이구나.

🐱 경기장과 김나지움, 톨로스에 대해서는 제가 설명해 줄게요.

좋은 생각이야! 얘들아, 너희들에게 델포이 고양이를 소개해 줄게. 내가 겨울에 이곳에 왔을 때 델포이 고양이를 만났어. 겨울엔 여름과 달리 이곳을 찾는 사람이 많지 않단다. 내가 묵었던 곳은 이곳에서 천천히 걸어가면 10분 정도 걸리는 곳에 있는 작은 호텔이었어. 사람이 없어서 내 방에만 불이 밝혀졌고 남은 방들은 어서 겨울이 지나 손님들이 오기를 기다리고 있는 것 같았지. 아폴론 신전엔 문을 열기 전 이른 아침에 도착했단다. 건너편 산에서 이제 막 해가 떠오르고 있었어. 아폴론 신전에 와서 제일 먼저 만난 것이 바로 저 델포이 고양이였단다. 그런데 한 마리가 아니라 친구 고양이들이 제법 많이 있더구나. 고양이들은 유적지에서 떠오르는 아침 햇살의 기운을 받으며 고즈넉이 앉아 있었단다.

👧👦 델포이 고양이, 안녕!

델포이 경기장

🐱 야옹! 나를 따라오렴. 우선 이곳에서 제일 높은 곳에 위치한 경기장으로 가자. 경기장에 가려면 가풀막진 언덕을 올라가야 하니까 조금 땀이 날 거야. 델포이 경기장에서는 제전이 열렸단다. 처음엔 8년에 한 번씩 열리다가 나중에 4년에 한 번씩 열리곤 했대. 델포이 제전은 아폴론이 큰 뱀 피톤을 물리친 것을 기념하기 위해서 열렸다고 해.

그런데 경기장이 산꼭대기와 가장 가까운 곳에 있는 이유가 무엇일까? 아무래도 체력을 단련하는 곳이니까 산꼭대기 근처에 세우는 것이 좋지 않았을까? 몸이 건강해야 마음도 건강해진다는 것을 고대 그리스 사람들은 알고 있었던 것 같아.

자, 이제 아폴론 신전과 길을 사이에 두고 맞은편 벼랑에 있는 김나지움과 톨로스 쪽으로 가자. 길을 건널 땐 차가 오는지 조심하고.

🧑 김나지움은 청년들이 몸과 마음을 닦던 곳이란다. 지금은 학교라는 말로 쓰이는데, 고대의 학교라고 생각하면 되지. 공부와 체력 단련은 함께 해야 한다고 생각해서 학문과 체육을 함께 가르쳤던 곳이야.

내가 김나지움에 왔을 때 재미있는 일이 있었어. 이곳에 도착해서 김나지움으로 내려가려는데 어떤 동물이 김나지움 마당을 쿵쿵거리며 돌아다니는 거야. 그리스엔 워낙 돌아다니는 개가 많아서 털이 하얀 개라고 생각했는데 자세히 보니까 개가 아니라 돼지더라고!

옅은 분홍빛 돼지가 코를 쿵쿵거리며 맛나게 풀을 먹고 있었어. 분홍빛 돼지도 이곳의 풀을 먹으면 자신이 영리해질 거라고 생각한 모양이야. 그리스엔 곳곳에 떠돌이 개들이 많은데 떠돌이 돼지를 만난 것은 처음이었어.

🐱 야옹! 선생님, 저도 저 돼지를 처음 봤어요. 저는 아폴론 신전에서 이곳으로 오려면 길을 건너야 해서 이곳엔 잘 오지 않았거든요.

얘들아, 너희 눈앞에 있는 톨로스는 아테나 여신을 위해서 지어진 신전이란다. 모두 20개의 기둥이 있는 원형 모양인데 이런 형식의 신전은 아주 독특해서 그리스를 소개하는 안내 책자 등에 많이 나오지. 지금은 3개의 기둥만 남아 있어. 톨로스는 바라보는 방향과 시간에 따라 모습과 분위기가 달라진대. 아주 신비한 느낌을 주는 신전이야.

🧑 맞아! 내가 묵었던 아테네의 호텔에도 톨로스의 사진이 있는 포스터가 붙어 있었어. 자, 여기까지 설명해 준 델포이 고양이에게 고맙다는 인사로 "야옹."이라는 말을 해 주자.

델포이 톨로스 신전

🧒🧢 야~응응응응응!

🐱 아, 세상에서 내가 제일 좋아하는 내 목소리! 고마워!

🧑 이제 올림픽이 시작된 올림피아로 가 보자!

올림피아

올림피아는 고대 올림픽이 열렸던
도시라는 사실은 다들 잘 알고 있지?
올림피아는 제우스 신을 숭배하던 도시였고,
제우스 신에게 바치기 위해 열리던 제전이
바로 올림픽이었단다. 올림픽은 또한
고대 그리스의 도시 국가들이 모여
육체와 정신을 단련하고 서로를 이해하는
평화로운 행사이기도 했어.

01
고대 올림픽이 시작된 올림피아

02
올림피아에서 만난 잘생긴 헤르메스

01 고대 올림픽이 시작된 올림피아

🧑 아테네에서 올림피아로 가는 길은 두 곳이 있어. 한 곳은 바다 옆으로 난 비교적 평탄한 길이고, 다른 한 곳은 높고 꼬불꼬불한 산마루로 달려가는 길이지. 산마루를 타고 가는 길이 시간은 훨씬 더 걸리지만 그 길로 가는 것이 올림피아를 이해하는 데 더 도움이 될 거야.

난 여름엔 산길로, 겨울엔 바다 옆으로 난 고속도로로 올림피아에 갔단다. 겨울에는 산에 눈이 쌓여 가는 길에 문제가 생길까 하는 염려 때문이었지.

무더위가 온몸을 지치게 만들던 여름, 올림피아로 가는 길에는 산의 정상에서 염소 떼도 만났단다. 그 염소 떼가 길을 막고 있어서 염소 떼가 다 지나가기를 20분 정도 기다려야 했어. 유난히 눈이 큰 염소들의 얼굴은 그야말로 순진한 아이들의 모습이었단다. 한 장난꾸러기 염소는 지팡이를 든 할아버지가 큰소리를 쳐도 제멋대로 길을 가기도 했어. 결국 할아버지를 따라갔지만. 그 염소는 마치 삶을 여유 있게 사는 그리스 사람들을 그대로 닮은 것 같았어. 그렇게 아테네에서 출발한 지 네다섯 시간 지나서 올림피아에 도착했지.

올림피아로 가는 길에 만난 염소 떼

🐝 선생님, 저도 차 창문을 빠져나가 염소 떼와 잠깐 놀다 왔어요. 염소의 뿔에 입맞춤도 해 주었고요. 그런데 선생님이 그냥 창문을 닫아 버리는 바람에 올림피아에 못 가는 줄 알고 가슴이 쿵 내려앉았지 뭐예요. 마침 선생님이 염소를 끌고 가던 할아버지에게 인사하느라 창문을 다시 내려서 얼른 들어갔지만…….

🧑 미안! 미안! 대신 너에게 올림피아에서 열렸던 고대 올림픽 경기에 대해서 설명할 기회를 줄게.

🐝 고마워요. 고대 올림픽에 대해서는 왕벌 할아버지에게 들어서 잘 알고 있어요.
　고대 그리스에시는 올림피아에서 4년마다 제우스 신에게 바치는 제전과 함께 체육 경기를 벌였단다. 신화에 따르면 헤라클레스가 올림피아

올림픽 경기

　근처를 흐르는 알피오스 강물을 끌어들여 인간의 힘으로는 30년이나 걸릴 외양간 청소를 단 하루 만에 해낸 뒤 올림픽 경기를 열었다고 해. 처음에 올림픽 경기 종목은 달리기뿐이었어. 그러던 것이 차차 종목도 많아지고 경기 일수도 5일로 늘었단다.

　당시에 사용했던 항아리들을 보면 올림픽 경기 장면의 그림을 볼 수 있어. 그런데 당시의 선수들은 모두 옷을 입지 않고 있어. 킥킥, 부끄럽지도 않나? 하지만 거기엔 이유가 있었어. 어느 해 경기 때였어. 달리기를 하던 한 선수가 허리에 두른 천을 떨어뜨렸는데 이것을 집으면 경기에 질까 봐 그대로 달려 우승을 했단다. 그 뒤로 올림픽 경기에 참가하는 선수들은 모두 옷을 입지 않은 채 출전했다고 해. 그럴 경우 여자들이 난처하겠다고 생각할지 모르지만 그럴 염려는 없었어. 왜냐하면 여자들은 경기에 출전할 수 없었기 때문이야.

우승자가 썼던 황금 모자

올림픽 경기의 목적은 건강한 육체를 칭찬하고, 용기와 충성심을 기르며, 순수하게 경쟁하는 정신을 발휘하기 위한 신체 단련에 있었어. 올림픽에 참가하는 선수는 그리스 인 남자로서 자유 신분이어야 했지. 우승자는 상으로 월계수 가지로 만든 관을 받았어. 제전은 신에게 희생 제물을 바치는 성스러운 의식과 우승자를 기리는 축하 잔치로 막을 내렸지.

고대 올림픽은 약 1500년 동안 중단되었다가 프랑스의 쿠베르탱에 의해 부활되었어. 1896년 아테네에서 제1회 근대 올림픽이 열려 오늘날까지 계속되고 있지.

올림피아 옆에는 1982년에 문을 연 올림피아 고고학 박물관이 있어. 올림픽 경기 유물은 물론, 올림피아 유적지에서 발견된 각종 유물과 신전의 잔해들이 전시되어 있어. 고대 로마에서 가장 유능했던 다섯 황제 중 한 명인 하드리아누스 때(기원전 117~138년)의 유물들도 볼 수 있단다.

🧑 자, 이제 헤라 신전으로 가자. 올림피아의 유적지에 들어오면 왼쪽에 자리 잡은 유적지가 바로 헤라 신전이야. 이 신전을 설명하기 전에 너희에게 소개해 줄 친구가 있어. 하갈이라는 잘생긴 친구야.

🐶 멍멍! 반가워, 친구들!

🧑 하갈이 꽤 잘생겼지? 하갈은 내가 지어 준 이름이야. 털이 갈색인데 몸통 군데군데가 하얀색이라서 하얀색과 갈색의 앞 글자를 따서 '하갈'이라고 지었지. 하갈과 만난 것은 겨울의 이른 아침이었어. 올림피아 유적지로 들어가는 주차장에 차를 세우고 차문을 여는데 하갈이 마치 나를 기다리고 있었다는 듯 내 앞에 우뚝 서서 나를 바라보더라고. 나는 하갈에게 웃음을 보냈어. 너무 잘생긴 개가 꼬리를 흔들며 나를 반겨 주는데 어찌나 고맙던지 절로 웃음이 나왔지 뭐야. 그때부터 하갈은 내 뒤에, 때로는 옆에 바짝 붙어 나를 쫓아왔어. 절대 내 앞으로 나서지 않았지. 내가 유적지를 꼼꼼히 살필 땐 마치 나를 기다리는 듯 앉아 있었지. 자, 하갈과 인사하렴. 하갈이 너희도 똑같이 좋아할 거야.

올림피아에서 만난 하갈

👧👦 하갈, 안녕! 정말 잘생겼구나!

🐶 너희를 만나게 되어서 기뻐. 잘생겼다고 말해 줘서 고마워. 나는 사람들에게 사랑받기 위해서 태어난 개야. 자, 내가 너희를 헤라 신전으로 데리고 갈게.

👧👦 잘생긴 강아지에게 설명을 듣게 되어서 정말 신 나요!

🐶 자, 너희 앞에 보이는 신전이 바로 헤라 신전이란다. 헤라 신전

올림픽 성화를 채화하는 헤라 신전 앞 제단

은 올림피아에 있는 신전 가운데 가장 오래된 신전이야. 기원전 600년 경에 헤라 신을 위해서 지어졌지. 이 헤라 신전 안에는 잘생긴 헤르메스상이 있었단다. 헤르메스상은 조금 뒤 박물관에서 만나렴.

　헤라 신전 바로 앞에는 올림픽의 불을 피우는 제단이 있단다. 너희들도 올림픽을 앞두고 이곳에서 성화를 붙이는 장면을 텔레비전에서 보았을 거야. 나 역시 텔레비전에 나오고 싶어서 성화를 붙일 때 이 앞을 어슬렁거렸지. 결국 경비 아저씨에게 멀리 쫓겨났지만 말이야. 하지만 언젠가는 꼭 텔레비전에 나오고 말 거야. 참, 조성자 선생님이 내 모습을 사진으로 찍으시 책에 넣어 준다고 하셨으니까 혹시 책에 내 모습이 나오거든 나에게 보여 주렴.

님파이움 분수대

    성화를 붙이는 곳이라고 해서 특별히 웅장하고 화려한 곳이라고 생각했던 친구들은 약간 실망했을 거야. 별다른 특색 없이 밋밋한 곳이니까. 아니 도리어 다른 유적지보다 엉성한 곳이야.

    성화를 붙이는 곳 바로 옆에는 '님파이움'이라는 분수대가 있단다. 님파이움 분수대는 헤로데스 아티쿠스가 세웠는데 이 사람에 대해서는 아테네의 아크로폴리스에서 들었을 거야. 아크로폴리스에 있는 원형 극장을 세운 사람이기도 하지. 님파이움 분수대는 원을 반으로 자른 모습으로 2층으로 되어 있단다. 1층과 2층 사이에는 로마의 유명한 왕과 왕비, 또 헤로데스 아티쿠스의 자녀들이 조각되어 있었다고 해.

님파이움 분수에 있던 조각들

자, 이제 제우스 신전으로 가자. 제우스 신전은 기원전 5세기에 도리스 양식으로 지어진 거대한 신전이야. 올림피아의 정중앙에 위치해 있는 신전으로 사방 200미터에 달하는 규모를 갖고 있었던 성소이지. 6세기에 일어난 지진으로 파괴되어 지금은 거대한 기둥들의 흔적만 남아 있어. 이곳에 있었다고 하는 제우스 신상은 세계 7대 불가사의 중 하나로 꼽힌다고 해.

　🐝 선생님, 제우스 신상에 대해서는 제가 설명해 줄게요. 이 이야기는 할머니 벌이 말씀해 주셔서 잘 알고 있어요. 모든 친구들이 하갈에게 빠져서 저에겐 눈길도 주지 않아 조금 슬펐어요.

　🐶 미안, 미안! 저기 새로운 관광객들이 왔네! 난 그쪽으로 가 볼게. 그 사람들도 분명 날 좋아할 거야.

올림피아 제우스 신전

159

02 올림피아에서 만난 잘생긴 헤르메스

 친구들, 안녕? 다시 말할 수 있는 기회가 생겨서 정말 좋아. 그것도 신들의 왕인 제우스 신상에 대해서 설명하니까 왠지 내가 왕벌이 된 느낌이야.

제우스 신상은 그리스 고전기를 대표하는 조각가이자 건축가 페이디아스의 걸작이란다. 나무로 중심을 만든 뒤 순금과 상아로 정교하게 장식하고, 화려한 의자에 앉은 모습이었대. 얼마나 거대한 조각인지 보고 있으면 절로 감탄이 나왔대.

제우스 신상은 기원전 430년에서 420년 사이에 만들어졌을 것으로 추측하고 있어. 왼손에는 제우스를 상징하는 독수리가, 오른손에는 승리를 상징하는 승리의 여신 니케가 올라가 있고 머리에는 순금으로 만든 올리브 잎 모양의 관을 쓰고 있었대. 하지만 거의 다 파괴되었고 남은 것은 러시아 상트페테르부르크의 에르미타주 미술관에 있다는구나.

🧑 우리 크노벌에게 박수를 보내 주자.

👩👦 와! 와! 크노벌, 고마워!

🐝 선생님, 전 태어나서 이렇게 많은 박수를 받아 보기는 처음이에요. 모두들 제 침이 무섭다고 저를 피했는데 이렇게 아이들과 함께 있으니까 너무 좋아요. 게다가 박수까지 받고……. 친구들, 고마워!

🐶 컹컹! 선생님, 제가 다시 돌아왔어요. 짧은 시간인데도 선생님의 따뜻한 눈길과 친구들의 맑은 눈빛이 그리웠어요.

🧑 난 네가 다른 관광객들에게로 떠나서 조금 서운했어. 어차피 내가 올림피아를 떠날 땐 헤어지겠지만…….

🐶 끄응! 얘들아, 나를 따라오렴. 이번엔 올림픽이 열렸던 경기장으로 너희를 안내할게.

헤라 신전에서 곧바로 올라가면 헤라 신전과 마주 보이는 곳에 경기장으로 들어가는 문이 보일 거야. 이곳이 바로 경기장이란다. 돌로 만든 나지막

올림피아 박물관에 있는 제우스상

161

올림피아 경기장으로 들어가는 문

한 아치 모양의 입구 옆으로 초록색 잔디와 산이 보이고 경기장 주변으로 사이프러스 나무 몇 그루가 서 있지. 경기장 안에는 관중들이 앉아서 선수들을 볼 수 있는 자리도 있는데, 그 중앙에는 대리석으로 만든 자리가 있어. 그 자리에는 황제와 귀족, 심판관들이 앉았다고 해. 조금 특별하게 생긴 자리는 특별한 사람이 앉나 봐. 나는 그 자리에서 낮잠을 자기도 해. 내가 그곳에 눕는다고 개들의 황제가 되는 것은 아닌 것 같지만 말이야. 그런데 특별한 사람과 보통 사람의 차이는 무엇일까? 내 생각엔 자신을 낮추는 겸손한 사람이야말로 특별한 사람인 것 같아.

가끔 답답할 때 나는 이 경기장을 달린단다. 두 귀를 펄럭이며 뛰다 보면 답답한 가슴이 펑 뚫리면서 시원해진단다.

🧑 자, 우리 고맙다는 표시로 하갈의 머리를 쓰다듬어 주자. 하갈은 박물관 안으로 들어갈 수 없으니까 아쉽지만 헤어져야겠어. 이제 올림피아 고고학 박물관으로 가 보자.

🐶 끙끙! 헤어지기 싫어서 내는 소리예요. 하지만 만남이 있으면 헤어짐의 시간이 있다는 것은 이곳에서 깨달은 진리예요. 얘들아, 안녕!

👧👦 하갈, 안녕!

🧑 올림피아 고고학 박물관은 아테네에 있는 고고학 박물관과 더불어 고대 그리스 유물을 충실하게 보관하고 있는 곳이란다. 1층에는 제우스 신전의 잔해들이 전시되어 있는데, 이곳에서 꼭 봐야 할 작품은 기원전 4세기에 활동했던 그리스 고전기를 대표하는 조각가 프락시텔레스의 헤르메스상이란다.

🗿 선생님, 저에 대해서는 제가 설명할게요.
얘들아, 안녕! 난, 원래 올림피아의 헤라 신전에 세워져 있었어. 항상 벗고 있어서 창피하지 않냐는 듯이 쳐다보는 사람도 있지만, 올림픽 경기는 건강한 육체를 자랑하는 것이기 때문에 나 역시 이렇게 벗은 몸으로 서 있는 거란다. 나는 파로스 섬의 대리석으로 만들었는데 완벽한 조화와 균형미를 느낄 수 있는 작품이라고 해. 내가 생각해도 내 몸은 너무 미끈하면서도 멋지게 만들어졌어. 킥킥, 자랑해서 미안해.
나를 만들어 주신 프락시텔레스 선생님에 대해서 설명해 줄게. 프락시텔레스 선생님은 기원전 370년에서 330년에 활동한 분이야. 섬세하고 아름다운 육체를 조각했고 얼굴 표정을 잘 살려 낸 조각을 했지. 주로 나 같은 그리스 신들을 많이 조각했어. 선생님은 비너스상을 최초로 만든 조각가이기도 해.

내 왼쪽 팔에 매달려 있는 것은 어린 디오니소스야. 내 오른팔로는 포도 열매를 쥐고 있었다고 하는데 사실은 나도 정확히 모르겠어.

나를 보러 이곳에 왔으니까 그냥 가지 말고 내 앞모습, 옆모습, 뒷모습까지 자세히 보고 가렴. 사진보다 실제로 보고 가는 것이 더 실감 날 테니까.

올림피아 박물관의 헤르메스상

헤르메스상에게 고마움의 표시로 손으로 하트를 만들어서 보여 주자.

고마워요, 헤르메스상!

자, 이제 올림피아를 떠나자. 이제부터 강력했던 아테네와 스파르타가 어떻게 멸망했는지 설명해 줄게.

역사 속에서 한 나라가 계속 강대국으로 남은 경우는 없단다. '모든 길은 로마로 통한다'라고 말할 만큼 로마는 강하고 식민지도 많았던 나라이지만 결국 게르만 족에 의해서 멸망했지. 또 '대영 제국에 해가 질 날이 없다'고 할 만큼 20세기에 세계 최강을 자랑했던 영국도 그 힘을 지금까지 이어 가고 있지는 않단다. 마찬가지로 아테네 역시 그리스의 도시 국가 중 가장 강력했지만 결국 멸망하게 된단다.

  지금부터 그 이야기를 들려줄게.

아테네와 스파르타의 멸망

그리스에서 가장 강한 세력을 가졌던
도시 국가 아테네와 스파르타도
결국 또 다른 강한 세력에 의해
멸망하게 된단다.
고대 그리스 시대는 끝이 나지만
고대 그리스가 남긴 문명은
오늘날까지 서양 세계는 물론
우리 생활 곳곳에 그 영향을 미치고 있지.

01
흥할 때가 있으면 망할 때도 있어요

흥할 때가 있으면 망할 때도 있어요

🐝 선생님, 저에게 한 번 더 기회를 주세요. 우리 친구들에게 아테네와 스파르타가 어떻게 멸망했는지 알려 주고 싶어요. 이 이야기는 아빠 벌에게 들어서 너무 잘 알고 있어요! 자신 있어요!

👧👦 네! 선생님, 우리도 크노벌에게 듣고 싶어요.

👦 좋아! 좋아! 크노벌이 말해 주렴.

🐝 고마워요!
 애들아, 그리스가 도시 국가라는 것은 알고 있지? 아테네와 스파르타를 중심으로 그리스가 번창하고 있을 때 아시아 쪽에 새로운 강자로 나타난 나라가 페르시아였단다.

여러 갈래로 나누어져 있던 페르시아를 통일하여 대제국의 기틀을 세운 인물은 키루스 2세 왕이었지. 키루스 2세는 비록 정복자이긴 했지만 무자비한 폭군이 아닌 현명하고 부드러운 지배자였어. 노예로 끌려온 이스라엘 민족을 해방시켜 고향으로 돌려보내기도 했지.

키루스 2세가 죽은 뒤 페르시아 제국에는 다시 반란이 계속되었지만 이를 누르고 페르시아를 세계 최강의 대제국으로 발전시킨 지배자가 나타났어. 바로 '왕 중의 왕'이라 불린 다리우스 대왕이었단다. 다리우스 대왕은 세계를 손아귀에 쥐려고 했지. 그래서 그리스를 비롯한 많은 나라를 공격했단다. 그리스 대부분의 도시 국가들은 페르시아에 항복했지만 아테네와 스파르타만 항복하지 않았어. 그래서 다리우스 대왕은 기원전 492년에 아테네와 스파르타에 사신을 보냈어.

사신은 이렇게 말했단다.

"대왕께서는 항복의 표시로 아테네의 물과 흙을 보내라 하셨소! 그렇게 하지 않으면 군대를 보내겠다고 하셨소!"

아테네 사람들은 사신을 구덩이에 묻었고, 스파르타에서는 아예 우물 속에 빠뜨려 버렸어.

화가 난 다리우스 왕은 신하에게 이렇게 말했어.

"그대는 내게 하루에 세 번씩 '폐하, 아테네를 생각하소서.'라고 말하라."

페르시아의 첫 침공은 그리스 앞바다에서 폭풍우로 함대가 부서져서 실패하고 말았단다. 2년 뒤인 기원전 490년에 다리우스의 대군은 다시 마라톤을 침공해 왔어.

그리스의 도시 국가 중에서 아데네만이 페르시아를 맞아 마라톤 평야

페르시아 전쟁

에서 전투를 하게 되었지. 페르시아는 군사가 1만 5000명이었고 아테네는 지원군까지 1만 1000명이었어. 아테네는 온 힘을 다해 싸웠단다. 이 전쟁에서 지면 아테네의 민주주의는 사라질 것이라고 생각했지.

결국 전쟁은 아테네의 승리로 끝났어. 한 병사가 아테네의 승리를 알리기 위해 마라톤에서 아테네까지 약 40킬로미터를 달려왔다는 이야기는 들었을 거야. 그래서 아테네는 마라톤 전투를 기념하여 매년 이날에 축제를 벌였고 올림픽 경기에 마라톤을 추가했어.

그리스 정벌의 뜻을 이루지 못한 채 다리우스 대왕은 죽었고 그의 야망은 아들 크세르크세스 왕에게 이어졌단다. 마라톤 전투로부터 10년이 지난 기원전 480년, 크세르크세스 왕은 엄청난 대군을 이끌고 세 번

째 침공을 했지.

아테네와 페르시아의 함대는 살라미스에서 결전을 벌이게 되었단다. 드디어 운명의 날, 크세르크세스 왕은 바다가 한눈에 보이는 높은 곳에서 페르시아 함대가 그리스의 함대를 깨뜨리는 것을 보기 위해 황금 옥좌에 앉았지.

하지만 전쟁은 그리스의 승리였어. 크세르크세스 왕의 눈앞에서 200여 척의 페르시아 전함이 무참히 깨어져 나갔단다. 10여 년에 걸친 페르시아와의 전쟁이 끝나는 순간이었지.

🧑 살라미스 해협은 자그마한 섬 2개가 앞을 막고 있어 굉장히 좁은 곳이란다. 배가 한번 들어가면 나오기 힘든 곳이지. 마치 우리나라의 이순신 장군이 왜군을 물리친 한산도 앞바다와 같은 곳이야. 살라미스 해협이 바라보이는 곳에서 저녁을 먹는데 페르시아 군인들과 아테네 군인들의 함성이 파도 소리에 섞여 들려오는 것 같았단다.

☁️ 선생님, 이제 아테네의 정치가 테미스토클레스와 페리클레스 시대부터는 제가 이야기해 주고 싶어요. 오랫동안 하늘에 떠다니면서 그리스의 역사를 많이 들어서 줄줄 얘기할 수 있거든요.

🧑 우리 모두 아테네의 구름에게 이야기를 듣도록 하자.

☁️ 정말 고마워요! 선생님이 구름을 좋아하신다는 소문은 진작부터 들어서 알고 있었어요. 그래서 저에게도 기회를 주신 것으로 생각해요.

친구들, 안녕! 너희도 나 같은 구름을 좋아하면 나처럼 여행을 많이 할 수 있게 될지 몰라. 여행을 한다는 것은 자신이 사는 세상에서 잠깐 벗어나 다른 사람들의 문화를 이해하고 배우는 시간을 갖는 거란다. 그래서 나는 너희들이 여행을 많이 했으면 좋겠어.

이야기를 들려줄게. 전쟁으로 온통 폐허가 된 아테네를 다시 일으키면서 테미스토클레스는 말했단다.

"아테네 시민들이여! 우리는 아테네 주변에 어떤 적도 막아 낼 수 있는 높고 튼튼한 성벽을 쌓아야 합니다."

테미스토클레스는 성벽을 다시 세워 아테네를 더욱 튼튼하게 했단다. 그리고 400개가 넘는 그리스 도시 국가가 델로스 동맹을 맺게 된단다. 아테네를 중심으로 그리스 도시 국가들이 힘을 뭉친 것이지.

아테네가 강력해지자 경쟁자 스파르타가 불안해졌지. 그래서 스파르타는 주변의 다른 도시 국가들과 동맹을 맺었는데 그것이 펠로폰네소스 동맹이란다.

어떤 친구는 이렇게 말하더라.

"무슨 소스 이름이 그렇게 길어요?"

킥킥, 펠로폰네소스는 먹는 소스 이름이 아니라 군사 동맹의 이름이야.

테미스토클레스에 이어 페리클레스가 아테네의 지도자로 뽑혔어. 페리클레스가 해낸 일 가운데 가장 큰 일은 파르테논 신전을 건설한 것이란다. 친한 친구인 페이디아스에게 아테네의 수호신 아테나 여신을 모실 높이 12미터의 거대한 신전을 설계해 달라고 부탁했지. 신전 공사에는 아테네 시민들이 돈을 받지 않고 자발적으로 참여했다고 해.

페르시아 제국과의 전쟁에서 승리한 후 아테네는 델로스 섬에 맡긴

펠로폰네소스 전쟁

돈을 관리하면서 델로스 동맹을 이끌었어. 항상 아테네와 으르렁거렸던 스파르타는 아테네가 잘난 척하는 꼴을 보기 싫었어. 자연히 스파르타가 불만을 가지면서 분위기가 험악해졌어.

그런데 마침 코린트와 아테네의 사이가 나빠지는 일이 생겼지 뭐야. 코린트의 식민지가 반란을 일으켰는데 아테네가 도와주었기 때문이야. 화가 난 코린트는 스파르타에게 전쟁에 참여해 달라고 청했지. 안 그래도 아테네의 세력이 커지는 것을 두려워했던 스파르타는 펠로폰네소스 동맹국들과 함께 전쟁을 벌이게 되었어.

이렇게 시작된 전쟁이 27년 동안 계속된 펠로폰네소스 전쟁이야.

페리클레스는 아테네 시민들에게 이렇게 말했어.

"모든 아테네 시민이 아테네 성안으로 피난하면 성문은 굳게 잠그겠

습니다. 스파르타가 포위한다고 해도 아테네는 부유하고 먹을 것이 많기 때문에 편안히 먹고 놀면 됩니다. 그러면 스파르타는 식량이 모자라서 지쳐서 물러날 것입니다!"

만약 식량이 부족해지면 강력한 해군이 식량과 물자를 가져다줄 거라고 믿었지. 결국 페리클레스의 작전대로 스파르타는 지쳐서 물러갔어.

그런데 스파르타보다 더 무서운 적이 생겼어! 페스트라는 전염병이 아테네에 퍼진 거야. 결국 페리클레스는 페스트로 죽었고 아테네는 안정을 잃어버렸단다.

스파르타는 그리스에서 가장 큰 세력이 되었지. 하지만 아테네와의 오랜 전쟁으로 지칠 대로 지친 스파르타는 테베의 공격을 받고 힘없이 쓰러져 버리고 말았단다.

마침내 그리스를 받쳤던 두 기둥인 아테네와 스파르타가 쓰러져 버렸지. 그 틈을 타서 그리스 북쪽에 있는 마케도니아의 필리포스 2세가 그리스를 침공하여 정복해 버렸어. 필리포스 2세는 강력한 왕국을 세웠는데 바로 이 사람이 알렉산더 대왕의 아버지였지.

 얘들아, 우리 모두 크노벌과 아테네 구름에게 박수를 쳐 주자.

와! 와! 조금 길어서 지루하긴 했어도 그리스의 역사에 대해선 확실하게 알게 되었어요.

평화라는 기념품을 갖고 여행을 마치자

　너희들은 지금까지 서양에 가장 큰 영향을 미친 그리스가 시작된 크레타에서부터 아테네와 스파르타까지 여행을 했단다.
　한 나라가 세워지고 발전해서 멸망하게 되는 과정을 알게 되면 그 나라의 문화와 사람을 이해하는 데 큰 밑바탕이 된단다. 더구나 그리스는 유럽의 뿌리이기 때문에 너희가 앞으로 만나는 서양 사람들의 문화를 적어도 반 이상 이해한 셈이 되지.
　고대에는 나라마다 피비린내 나는 전쟁으로 영토를 넓히고 세력을 펼쳤지만 현대에는 더 이상 전쟁은 의미가 없단다. 전쟁은 너무나 큰 비극을 낳기 때문이지. 죄 없는 시민들이 죽기도 하고, 인류의 소중한 유산인 건축물들이 폐허가 되기도 해.
　이제 세계는 평화와 화합으로 하나가 되어야 하지. 그런 의미에서 4년마다 열리는 올림픽은 세계 사람들을 하나로 묶어 주는 중요한 역할을 한단다. 그래서 나는 이 올림픽이 시작된 그리스에서 너희들이 '평화'라는 단어를 여행 기념품으로 가져가기를 바란단다.
　지금까지 선생님과 함께 여행한 친구들, 고마워! 강한 햇빛 때문에 너희 얼굴이 아테네 태양처럼 발개졌지만 눈빛은 여행하기 전보다 더 초롱거린단다. 아참, 크노벌은 어떡하지? 크레타로 돌아가야 하잖아?

 걱정하지 마세요. 아테네 공항으로 날아가면 크레타로 가는 비행기를 타려고 기다리는 사람들이 있거든요. 그 사람들의 머리에 살짝 앉아서 가거나 가방 속으로 들어가면 돼요.

하지만 공항까지는 어떻게 가지?

에이, 선생님, 제가 아기 벌인가요? 공항까지 가는 전철을 타고 가면 돼요. 참, 아테네에서 공항까지 가는 전철은 한국 사람이 만든 거 아시지요? 얼마나 잘 만들었는지 그리스 사람들이 아주 좋아해요.

물론! 전철 한구석에 대한민국이 만들었다고 쓴 글을 읽고 얼마나 자랑스러웠는데! 자, 크노벌과 아테네와 코린트의 구름, 스파르타의 바람, 큐피드와 제비, 긴 꼬리 개와 털북숭이 개, 검정개, 올림피아의 하갈, 델포이 고양이, 우리 친구들에게 이야기를 해 준 모든 분들 안녕!

안녕! 친구들!

찾아보기

ㄱ
견유학파(시니시즘) 134
〈그리스 인 조르바〉 26, 53, 55
그리핀 47
김나지움 142, 146, 148

ㄴ
니케 신전 108, 109, 112
니코스 카잔차키스 53, 55
님파이움 분수대 158

ㄷ
다나에 70
다리우스 대왕 169, 170
다이달로스 35, 40, 41, 42
데메테르 18
델로스 동맹 99, 172, 173
델포이 10, 20, 36, 74, 137, 138, 139, 140, 141, 142, 143, 144, 145, 146, 147, 148, 149, 176
델포이 경기장 147
델포이 아폴론 신전 138, 141
델포이 제전 147
도리스식 106, 107, 108, 113, 118
도리아 인 66, 76, 81
도편 추방제(오스트라키스모스) 117
디오게네스 134, 135
디오니소스 22, 23, 40, 164

ㄹ
라비린토스 35, 40, 41, 42, 43
레오니다스 왕 84, 86, 87, 89
레오니다스 왕의 동상 84, 87
리쿠르고스의 제도 81

ㅁ
마라톤 96, 97, 98, 99, 144, 169, 170
매너리즘 54
메넬라오스 60, 70
메데이아 38, 39
미궁 35, 41, 43
미노스 왕 24, 30, 31, 34, 35, 39, 49
미노아 문명 24, 27, 29, 30, 31, 43, 51, 52, 58
미노타우로스 35, 39, 40, 44, 46, 109
미케네 9, 11, 17, 27, 31, 51, 52, 53, 56, 57, 58, 59, 61, 62, 63, 64, 65, 66, 67, 68, 69, 70, 71, 137
미케네 왕궁의 메가론 68
미케네의 원형 묘지 67
미케네의 황금 검 65
민주 정치 92, 95

ㅂ
백합 왕관을 쓴 왕자 51
뱀의 여신상 47
빌레 문 104

ㅅ
사르페돈 35
〈소의 등에 탄 사람〉 49
소크라테스 94, 95, 115, 116, 119, 120, 121, 122, 123, 124, 125, 126, 135
소크라테스의 감옥 123
소포클레스 95
스파르타 11, 60, 75, 76, 77, 78, 79, 80, 81, 82, 83, 84, 85, 86, 87, 88, 89, 90, 91, 94, 99, 117, 121, 164, 166, 168, 169, 172, 173, 174, 175, 176
시시포스 왕 130, 133, 135, 136
신탁 36, 137, 138, 141, 142, 144

ㅇ
아가멤논 58, 59, 60, 61, 62, 66, 68, 70, 71, 75
아가멤논의 황금 마스크 62, 66
아고라 116, 117, 118, 120, 124
아레스 22, 106
아레오바고 언덕 106
아르테미스 20, 70
아리스토텔레스 126, 127, 128, 129
아리아드네 40
아서 에번스(에번스) 24, 27, 31, 32, 48, 49
아이게우스 36, 38, 39, 40, 41, 110
아이게우스(에게) 해 40
아이기스토스 71, 72, 73
아이기스토스의 묘지 73
아이스킬로스 95
아이트라 36, 37
아탈로스의 스토아 106, 116
아테나 20, 21, 60, 92, 94, 104, 109, 113, 115, 148, 172
아테나 여신상 115
아테네 9, 10, 11, 15, 21, 26, 35, 36, 37, 38, 39, 40, 56, 66, 76, 80, 81, 84, 86, 91, 92, 93, 94, 95, 96, 97, 99, 100, 102, 103, 104, 106, 109, 110, 111, 113, 116, 117, 118, 119, 120, 121, 125, 126, 127, 129, 137, 140, 143, 144, 148, 152, 153, 155, 158, 163, 164, 165, 166, 168, 169, 170, 171, 172, 173, 174, 175, 176
아테네 국립 고고학 박물관 66
아테네 아크로폴리스 103
아테네의 보물 창고 144

아트레우스 67, 68, 69, 70
아트레우스의 보물 창고 67, 69
아폴론 20, 21, 39, 71, 124, 133, 136, 137, 138, 141, 142, 143, 144, 145, 146, 147, 148
아프로디테 11, 19, 20, 22, 60
알렉산더 대왕 134, 174
에레크테우스 111
에레크테이온 신전 104, 110, 111, 112
에우로페 31, 35
에우리피데스 95
엘 그레코 53, 54
엘렉트라 71, 74, 75
엘렉트라 콤플렉스 74
여왕의 방(크노소스 궁전) 50
오레스테스 71, 72
오이디푸스 콤플렉스 74, 75
옥좌의 방(크노소스 궁전) 29, 46, 47, 48
올림피아 10, 105, 109, 113, 137, 149, 150, 151, 152, 153, 155, 156, 157, 159, 161, 162, 163, 164, 176
올림피아 경기장 162
올림픽 94, 105, 149, 150, 151, 153, 154, 155, 157, 161, 163, 170, 175
옴팔로스 144, 145
이라클리온 26, 47, 53
이라클리온 고고학 박물관 53
이오니아식 106, 107, 108, 111, 118, 136
이카로스 41, 42

ㅈ
자라 산 61, 62
제우스 11, 18, 19, 20, 21, 22, 31, 35, 42, 43, 70, 141, 150, 153, 159, 160, 161
제우스 신상 159, 160

제우스 신전 159

ㅊ
참배의 길 143, 144

ㅋ
카리아티드 110, 111
코린트 107, 108, 118, 129, 130, 132, 133, 134, 135, 136, 137, 173, 176
코린트식 107, 108, 118
코린트 아폴론 신전 137
쿠베르탱 155
크노소스 궁전 24, 25, 27, 28, 29, 30, 31, 33, 34, 45, 49, 51
크레타 9, 11, 23, 24, 25, 26, 27, 28, 31, 33, 35, 39, 44, 52, 53, 54, 55, 56, 62, 65, 175, 176
크레타 문명 62, 65
크세르크세스 왕 88, 170, 171
클레이스테네스 117
클리타임네스트라 70, 71, 72, 73
클리타임네스트라의 묘지 73
키루스 2세 169

ㅌ
타이게토스 산 79, 82, 87, 91
〈테르모필레의 레오니다스〉 88
테미스토클레스 171, 172
테세우스 35, 36, 37, 38, 39, 40
톨로스 146, 147, 148, 149
투키디데스 94
트로이 31, 58, 60, 70, 71

ㅍ
〈파랑새〉 49
파르나소스 산 138, 140, 141
파르테논 신전 21, 93, 96, 102, 104, 111, 112, 113, 114, 115, 118, 172
파리스 60

〈파리지앵〉 48
파시파에 23, 34, 49
페르세우스 70
페르시아 전쟁 87, 88, 94, 99, 108, 170
페리클레스 94, 95, 100, 102, 115, 171, 172, 173, 174
페리클레스 시대 102
페이디아스 95, 120, 172
펠로폰네소스 동맹 172, 173
펠로폰네소스 전쟁 81, 94, 99, 100, 173
포세이돈 23, 35, 125
폴리스 80, 81, 99
프락시텔레스 163
프로필라이온 106, 107
플라톤 124, 126, 127, 128
피테우스 36, 38

ㅎ
하인리히 슐리만 31, 58, 61, 62, 66
헤라 11, 19, 22, 60, 155, 156, 157, 161, 163
헤라 신전 155, 156, 157, 161, 163
헤라클레스 26, 37, 38, 39, 65, 153
헤로데스 아티쿠스 105, 158
헤로데스 아티쿠스 극장 105
헤로도토스 18, 94
헤르메스 21, 151, 157, 163, 164
헤르메스상 157, 163, 164
헤파이스테이온(헤파이스토스의 신전) 106, 118
헤파이스토스 22, 106, 118
헬레네 60
호메로스 62, 127